ころころ古事記

ゆる神様の神社ナビ

松尾たいこ 著

はじめに

みなさん、古事記ってご存知ですか？

この本は、「よく知っているよ」っていう人よりも、「古事記ってなに？　なんか神話みたいなもので、いろんな神様が登場するよね？」ぐらいの人たちにぴったりの本です。

かつての私がそうでした。

だけど、絵と文章で神社を紹介するという仕事でたくさんの神社を巡るうちに、多くの神社には古事記に登場する神様が祀られていることを知り、そこから興味を持って古事記を読んだところ、その破天荒なおもしろさにすっかり魅了されました。

「おとぎ話みたいだけど、日本がこうやってできあがって

きたという物語は壮大で夢があってワクワクする！」

神様たちは海をかき回して日本の島々を作ったり、天上や海や山を守ったりと大切な役目を担う反面、母が恋しいと大暴れしたり、意外とプレイボーイだったり、誘い出すために半裸で踊ったりと、親しみを感じる部分もたくさんあります。

こんな愛らしい神様たちを知ってほしいと、『古事記ゆる神様100図鑑』（講談社）では古事記に登場する神様たちをキャラクター化して紹介しましたが、この本では再度、ゆる神様たちに登場してもらい、古事記や日本書紀など、神話にゆかりのある神社を紹介してもらいます。

まったく知識がなくても大丈夫。

ゆる神様と一緒に神社を楽しくゆるゆると回っていきましょう。

※この本では本文中の神名は『古事記ゆる神様100図鑑』をもとにすべてカタカナ表記とし、
ゆる神さまの発言内や4コマ漫画の神名の「ノミコト」「ノカミ」といった尊称を省略しています。
また、御利益スタンプは一部例外を除き『古事記ゆる神様100図鑑』に準拠しています。

目次

出雲ころころ

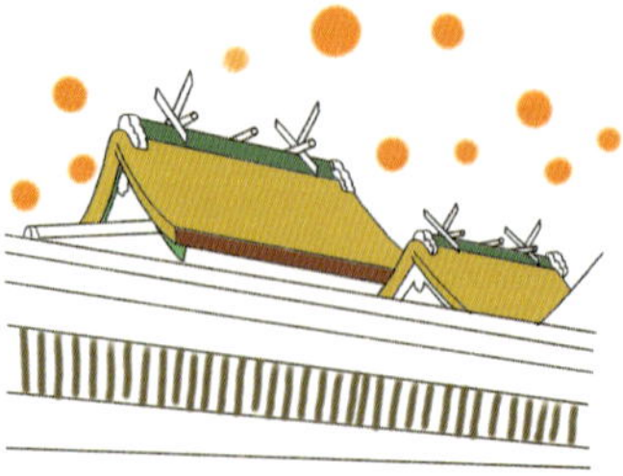

九州ころころ

伊勢・大和ほか ころころ

オモイカネ先生、教えて！ 神社と古事記のQ&A

オモイカネは知恵の神様。まずはじめに神社と古事記の基本のキを教えてもらいましょう。

Q1 神社とお寺の違いってなに？

A 神社は神様がいるところ、お寺は仏様がいるところ。鳥居があるのが神社だよ。ただ、明治時代までは神仏習合といって、神と仏は同じ場所で一緒に祀られていたんだ。その名残が残っている神社もあるぞ。

Q2 神社の参拝方法を教えて！

A 鳥居をくぐる時は一礼をして、まずは手水舎で身を清めるんだ。作法は①右手で柄杓を持って水を汲み左手を洗う②左手に持ち替えて右手を洗う③再び右手に持ち替えて左手で水を受け、口を注ぐ④最後に柄杓を縦にして残った水で柄の部分を洗い清める。たまに柄杓を直接口につけている人がいるけど、これは絶対にNG。身を清めたら拝殿の前で、2回お辞儀をして、2回手を叩き、最後にもう一度お辞儀をするのがルール。これを「二拝二拍手一拝」というんだ。お寺では黙って手を合わせるだけなので、気をつけるように。

Q3 どこの神社に行けばいいの？

A どこでも好きな神社に行けばいいんだけど、自分の住んでる土地を守ってくれている「氏神神社」にまず行くのがいいのではないかな。神社は願い事をするところというより日々の感謝を伝えるところなので、そういう気持ちで地元の神社に行くといいと思うぞ。

Q4 神社にはどんな神様がいるの？

A ほとんどの神社の神様は『古事記』に登場する神様だよ。神社の案内板にその神社で祀られている「御祭神」が書かれているので、すぐにわかる。神社参拝の際には『古事記ゆる神様100図鑑』を携帯するといいぞ。

Q5『古事記』ってなに？

A 日本最古の歴史書。天武天皇の命で稗田阿礼（ひえだのあれい）が覚えていた『帝皇日継』（天皇の系譜）と『先代旧辞』（古い伝承）を太安万侶（おおのやすまろ）が書き記し、編纂したものなんだ。完成したのは天武天皇の命から約40年後の712年、元明天皇の時代。全部で上・中・下の3部構成になっていて、神様のことは上巻に書かれているんだ。

Q6 記紀ってなに？

A 『古事記』と『日本書紀』のこと。古事記の「記」と日本書紀の「紀」をとって、こう呼ばれている。ほかにも『先代旧辞本紀』や『ホツマツタヱ』といった歴史書も存在するんだが、それらは後の時代につくられた偽書扱いされていて、記紀が正史として扱われているんだ。

Q7『日本書紀』ってなに？『古事記』との違いって？

A 『日本書紀』は『古事記』の成立から8年後の720年に完成した歴史書。全30巻と系図1巻からなり、天地開闢から持統天皇までのことが書かれているんだ。すべて漢文で書かれていて、外国向けの公の歴史書といわれている。神様の話は『古事記』と『日本書紀』でところどころ違っているので比べて読むのも面白いぞ。

この本に登場する ゆる神様たち

記紀などで活躍するオールスター神様です。
あなたの地元の氏神様もこの中にきっといるはず！

アシナヅチ（左）・テナヅチ（右）

→P54、87

延命長寿

クシナダヒメのご両親

ヤマタノオロチの生贄にされることになっていた娘のクシナダヒメをスサノオに救ってもらう。スサノオ終焉の地に建つ須佐神社を任されスサノオの魂を鎮めた。

アマテラス

→P46、54、99、128、136、137、148

日本の最高神

神恩感謝

イザナギの禊の際に左目から生まれた女神。父から高天原の統治を託される。天皇家の祖神であり日本人の総氏神であり、日本の最高神。伊勢神宮（内宮）の御祭神。

アヂシキタカヒコネ

→P39、87、154

神武天皇を導いた3本足のカラス

開運

オオクニヌシの息子。カモノオオカミの名で賀茂神社に祀られている。神武天皇の大和入りを導いた3本足のカラスのヤタガラス（カモタケツヌミ）と同じとされている。

アメノオシホミミ

地上に降りたくなかったアマテラスの長男

開運

アマテラスの長男。母から地上に降臨するように言われるが拒否。国譲りが決まった後に再度降臨するように言われるが、息子（ニニギ）に行かすとして再度拒否した。

アメノウズメ →P143、157

芸能上達

天岩戸開きに活躍した名ダンサー

アマテラスの天岩戸隠れの際に半裸で踊り、観衆の神様たちを大笑いさせた芸能の神様。ニニギの天孫降臨にも同行し、道案内をしたサルタヒコと結ばれる。

アメノタヂカラオ →P156

天岩戸を投げ飛ばした力持ち

技芸上達

アマテラスの天岩戸隠れの際に岩戸を開いてアマテラスを外に出した。ニニギの天孫降臨にも同行。数々の功績から伊勢神宮内宮正殿にアマテラスと共に祀られている。

アメノコヤネ →P114、154

祭祀を司った藤原氏の祖神

出世

アマテラスの天岩戸隠れの際に祝詞を奏上した神様。その後、ニニギの天孫降臨にもアマテラスの指令で同行。宮中の大事な祭祀を担当した。

アメノホヒ →P44、60

出雲大社宮司家の祖

受験合格

アマテラスの次男。国譲りのための使者に選ばれて出雲に派遣されたがオオクニヌシに惚れ込んで3年たっても帰ってこなかった。子孫は出雲国造になり現在まで続いている。

アメノホアカリ

もうひとりのアマテラス

家内安全

アマテラスの長男の長男。つまりアマテラスの直系の長男。ニギハヤヒと同じ神様ではないかという説もある。また、別名に「天照」という言葉があり、太陽神ではとの説も。

イザナギ →P117、133、166

神様界のゴッドファーザー

夫婦円満

妻イザナミと共に多くの国と神を生んだ。妻の死後、黄泉国へ妻を取り戻しに行くが、変わり果てた妻の姿を見て逃亡。禊を行い、アマテラス、ツクヨミ、スサノオを生む。

アメノミナカヌシ

宇宙の根源神&北極星の化身

縁結び

宇宙の始まりの最初に誕生した神。タカミムスビ、カミムスビとともに造化三神といわれる。イザナギとイザナミに天沼矛を渡して国土を作り上げるように指示した。

イワナガヒメ

→P64、108、114

縁切り
長寿を司る
岩の神様

コノハナノサクヤヒメの姉。ニニギがコノハナノサクヤヒメに求婚した時、父のオオヤマヅミに結納品とともに差し出されたが容姿が醜かったためにニニギに帰されてしまう。

イザナミ

→P59、60、63、75、76、117、133、166、167

子宝・安産
神様の
お母さん

夫イザナギと共に多くの国と神を生んだ。火の神ヒノカグツチを生んだ時に火傷をおい、そのために命を落とす。黄泉国に迎えに来た夫に変わり果てた姿を見られ逆上した。

ウガヤフキアエズ

→P102、111

子宝・安産
初代天皇の
お父さん

ヒコホホデミ（山幸彦）の子。出産シーンを見られ実家に帰ってしまった母が養育係にと遣わした妹のタマヨリヒメと結婚し4人の男子をもうけた。その末っ子が初代神武天皇。

ウカノミタマ

商売繁盛
誰もが知ってる
お稲荷さん

お稲荷さんに祀られている稲の神様。『古事記』ではスサノオの子供だが、『日本書紀』ではイザナギとイザナミの子供。伊勢神宮外宮の神様トヨウケヒメと同神という説も。

応神天皇

→P124

必勝祈願
八幡様として
メジャーデビュー

第15代天皇。両親（仲哀天皇と神功皇后）が遠征中の福岡で生まれた。天皇に即位したのは71歳。後の時代になってから宇佐神宮の八幡神となり一気にブレイク。

ウムギヒメ（左）・キサガイヒメ（右）

→P35

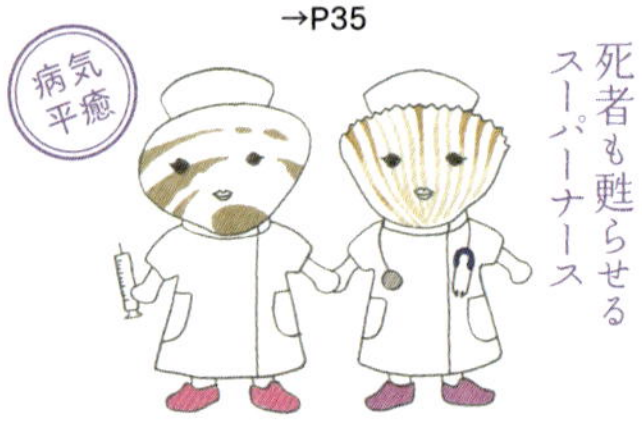
病気平癒
死者も甦らせる
スーパーナース

兄神たちの嫉妬をかって殺されたオオクニヌシを甦らせるためにカミムスビによって天上界から遣わされた。ウムギヒメはハマグリ、キサガイヒメは赤貝を神格化したもの。

オオモノヌシ

→P145

心願成就
縄文の王であり
医薬・酒造の神

スクナビコナがいなくなって嘆いているオオクニヌシのところへ海のかなたから光り輝きながらやってきた神様。大和の国の三輪山に住む蛇神。大神神社の御祭神。

オオクニヌシ

→P34、42、79、81、90、91

神様界の
プレイボーイ
縁結び

スクナビコナと力を合わせて国造りをなした国土創世の英雄神。天孫に国を譲った後は姿を消し幽冥界の大王となった。出雲大社に祀られている縁結びの神様。

オモイカネ

→P100、157

神々のよき
アドバイザー
受験合格

智恵の神様。アマテラスが天岩戸に隠れてしまった時、どうやってアマテラスを天岩戸から出すかの作戦を考えた。天孫降臨ではニニギに同行。学問の神様として人気。

オオヤマヅミ

→P114、130

家内安全
もっとも
偉大な山の神

コノハナノサクヤヒメとイワナガヒメ姉妹のお父さん。気を利かしてイワナガヒメをニニギに差し出すが突き返されショックを受ける。偉大なる山の神で、海も司っている。

ククリヒメ

→P166

白山信仰の女神
縁結び

『日本書紀』に登場。イザナギがイザナミを連れ戻すために黄泉国へ行き、逃げ帰ってきた時、黄泉比良坂で言い争う二人の間にたってそれぞれの言葉を伝え、仲裁した。

カミムスビ

→P39

縁結び
愛のキューピット

造化三神のうちの1柱。スクナビコナの父。死んでしまったオオクニヌシを助けるためにウムギヒメとキサガイヒメを派遣。天地創造の神様であり、男女の「むすび」の神様。

クシナダヒメ

→P48、51、54、59、85、88

縁結び

命を救われた絶世の美女

アシナヅチとテナヅチの8番目の娘で絶世の美女。ヤマタノオロチの生贄にされることになり悲しんでいるところをスサノオに助けられる。退治後、スサノオの妻となった。

クエビコ →P146

受験合格

物知りカカシ

物知りでこの世のことなら何でも知っているというカカシ。スクナビコナがやってきた時、何者かわからずとまどうオオクニヌシたちにスクナビコナのことを説明した。

コトシロヌシ →P66

商売繁盛

エビスビールでお馴染み

オオクニヌシの息子。国譲りの判断を父に委ねられ承諾。自分はおまじないをして身を隠してしまう。釣り好きで漁業の神様。七福神のえびす様。商売繁盛の神様としても人気。

クニノトコタチ

厄除け

『日本書紀』のトップバッター

宇宙の始まりに現れた5柱の神様（別天神）の次に生まれた神世七代の神様の最初の神様。『日本書紀』ではアメノミナカヌシではなく、このクニノトコタチが一番最初に誕生。

サルタヒコ →P63、142

開運

アメノウズメと夫婦になった大男

ニニギの天孫降臨の際に道の途中で待っていて道案内を申し出た。後に伊勢の海で貝に手を挟まれて溺死。鼻が大きく、天狗の原型とされる。導きの神様。

コノハナノサクヤヒメ

→P64、108、114、130

子宝・安産

天孫を一目惚れさせた美女

ニニギの妻。一夜で子供ができたために夫に疑われ、疑いを晴らすために火の中で出産。ホデリ、ホスセリ、ホオリの3兄弟を生む。後世、富士山の神とされるようになる。

シナツヒコ →P130

神風吹かせて
ステージアップ
開運

イザナギとイザナミの神生みで誕生した風の神様。もともと農業に風が必要だったのでお祀りした農業神だったが、元寇で神風を吹かせたということで日本を守護する神様に。

シオツチ →P108

なんでも
知ってる
おじいちゃん
延命
長寿

ホオリ（ヒコホホデミ）が兄ホデリに借りた釣針をなくして落ちこんでいる時に現れ、竹で編んだ小舟に乗せて海神の住む海の国へと導いた。航海の神様で潮流を司っている。

神武天皇 →P106

理想の国を
求めた旅人
開運

初代天皇。4人兄弟の末っ子。45歳の時に地元の宮崎を出発して大和を目指した（神武東遷）。地元勢力の反撃にあい、熊野からヤタガラスの先導で吉野に入り、国を開いた。

神功皇后 →P124

子宝・
安産
古代史
最大の
女傑

夫である仲哀天皇の遠征に同行し、急死した夫に代わって身重の体で新羅を攻め、従わせる。新羅攻め途中で産気づいたが、石を腰に巻いて出産を遅らせた。応神天皇の母。

スサノオ

→P35、46、48、51、54、58、72、87、88、90、114

縁
結び
泣き虫の暴れん坊

イザナギが禊をした時に鼻から生まれた。天上界で大暴れし、姉アマテラスの岩戸隠れを引き起こす。追放された後、出雲を訪れヤマタノオロチを退治して一転ヒーローに。

スクナビコナ →P79、90、91、145

小さいけれど
器は大きい
病気
平癒

オオクニヌシと一緒に国造りを行った小さな神様。カミムスビの子供で、小さくて指の間からこぼれ落ちて出雲に流れ着いた。酒造、医薬の神様。一寸法師のモデルとも。

セオリツヒメ →P34、145

厄除け

アマテラスの荒御魂

罪・穢を祓い去る祓戸四神のうちの1柱。川の流れ、清流の化身。人間の罪と穢れを流し去ってくれる女神。伊勢神宮内宮の荒祭宮の御祭神という説もある。

スセリヒメ →P35、81

縁結び

ジェラシーに悩む正妻

スサノオの娘。出雲からスサノオを訪ねてきたオオクニヌシと恋に落ちる。スサノオが与える様々な試練に悩むオオクニヌシを助け、駆け落ちして結婚し正妻となる。

タケミカヅチ →P40、162

必勝祈願

無敵のソルジャー

イザナギがヒノカグツチを切った時の血から生まれた剣の神様。国譲りの使者として出雲に派遣され、国譲りを成立させた。鹿島神宮の御祭神で武の神様として有名。

タカミムスビ →P154

縁結び

アマテラスの絶対的パートナー

造化三神のうちの1柱。アマテラスのパートナーとして、国譲り、天孫降臨、神武東遷などの重要場面で登場。娘はアマテラスの長男に嫁いでおり、天孫ニニギの祖父にあたる。

タマノオヤ →P79

技術向上

勾玉アーティスト

玉造りの神様で、玉造部の祖。アマテラスが天岩戸に隠れた時にオモイカネの指示で八尺瓊勾玉を作った。この勾玉が天皇家に伝わる三種の神器のひとつ。

タケミナカタ →P51、159

スポーツ上達

出雲の力自慢

オオクニヌシの息子。最後まで国譲りに反対し、使者のタケミカヅチに力比べを挑む。しかし勝負に負け逃亡。逃亡先の諏訪から出ていかないと約束して命を救われる。

トヨウケヒメ →P114、138

美しい羽衣をまとった天女

開運

食物を司る五穀豊穣の恵みの神様。伊勢神宮外宮に祀られている豊受大神のこと。伊勢へはアマテラスが自分の食事係をしてもらうために雄略天皇の夢に出て呼び寄せた。

ツクヨミ →P133、141

夜の世界を治める美男子

家内安全

イザナギが黄泉国から帰って禊をした時に右目から誕生。父イザナギから夜の世界を統治するようにいわれる。姉アマテラスと弟スサノオとあわせて三貴子と呼ばれる。

トリノイワクスフネ →P42

空を自由に羽ばたく神

交通安全

鳥のように空を飛べ、自在に駆け巡ることのできる船の神様。交通を司り別名はアメノトリフネ。タケミカヅチが国譲りの使者として高天原から遣わされた時に乗っていた船。

トヨタマヒメ（左）・タマヨリヒメ（右） →P108、122

海神の国からやってきた美人姉妹

子宝・安産

海神ワタツミの娘の美人姉妹。姉トヨタマヒメはホオリ（ヒコホホデミ）の妻で、妹タマヨリヒメは姉の息子ウガヤフキアエズの妻であり神武天皇のお母さん。

ニニギ →P102、104、108、114、120

行動力はピカイチ

家内安全

アマテラスの孫（天孫）で、アメノオシホミミの子。三種の神器と稲種を携えて高天原から降臨した。降りてきた土地でコノハナノサクヤヒメに一目惚れして結婚。

ニギハヤヒ

心強い旅仲間

病気平癒

ニニギより先に天磐船に乗って降臨した神様。大和土着のナガスネヒコの妹と結婚し大和を治めていた。神武天皇が天孫の正当な系統であることを知り、神武に従う。

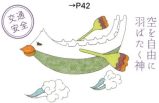

ヒコホホデミ →P102、108、122

子宝・安産

魔法の玉を操る
山幸彦

ニニギとコノハナノサクヤヒメの3男。別名、ホオリ、または山幸彦。山の猟を司る神様。海の漁を司る兄ホデリ（海幸彦）との海幸山幸物語の主人公。浦島太郎のモデル。

ノミノスクネ →P37

スポーツ上達

手先が器用な
力持ち

相撲の神様。アマテラスの次男アメノホヒの14世の孫。剛力で知られ、同じく剛力のタイマノケハヤと対決し、相手のあばらと腰骨を折って勝利。埴輪の発案者。土師臣の祖。

ホデリ →P122

航海安全

弟をなかなか
許せなかった兄

ニニギとコノハナノサクヤヒメの間に生まれた3兄弟の長男。別名、海幸彦。弟の山幸彦とのいさかいに敗れ、弟の宮殿を守護することを約束する。隼人の祖で海人族の長。

ヒノカグツチ

火難除け

原罪を背負った
運命の子

火の神様。出産の際に母イザナミは火傷を負い、それが原因で死んでしまう。怒った父イザナギに斬り殺され、その時に流れた血や肉体から多くの神様が誕生した。

宗像三女神

（右からタギツヒメ・イチキシマヒメ・タギリヒメ）
→P35、96、124

交通安全

美人すぎる3姉妹

アマテラスとの誓約で生まれたスサノオの娘の美人3姉妹。女の子が生まれたことでスサノオは邪心がないことが証明された。後にイチキシマヒメは弁天様と習合した。

フツヌシ →P150、164

必勝祈願

香取神宮に
祀られる武神

石上神宮の神様である神剣・韴霊剣の神霊。タケミカヅチとともに出雲へ天降り、国譲りやその後の全国の戦いのために働く。『古事記』には登場しない。

ヤツカミズオミツヌ

→P69

スポーツ上達
出雲の人気者

『出雲国風土記』に登場する出雲の国土を作った神様。もともと小さかった出雲の国を、新羅、隠岐、越国などの周りの国に綱をかけて引っ張ってきて国土を大きく広げた。

ヤガミヒメ

→P42、83

オオクニヌシの
最初の妻
美容・健康

オオクニヌシの最初の妻。因幡の白ウサギのお話に登場するお姫様。オオクニヌシに会いに出雲まで行くが、正妻のスセリヒメを恐れ、子供を置いて実家に帰ってしまった。

ヤマトヒメ

→P134

交通安全
アマテラスと
どこまでも

おばのトヨスキイリヒメに代わってアマテラスの鎮まる土地を求めて全国を歩いて回った。最終的に伊勢の地にアマテラスを祀り、これが伊勢神宮となる。

ヤマトタケル

必勝祈願
古代史最大の
ヒーロー

父（景行天皇）の命を受けて各地を転戦。東国遠征では叔母ヤマトヒメから草薙剣を与えられる。伊吹山の神を退治しにいった際、毒気にあたり都を思いながら命を落とす。

ワタツミ

偉大な海神
航海安全

海の神様。トヨタマヒメとタマヨリヒメのお父さんで、竜宮城の大王。ホオリ（ヒコホホデミ／山幸彦）に2つの魔法の珠を授け、兄ホデリを降伏させる。

ヤマトトモモソヒメ

→P149

箸墓に眠る
スーパー巫女
心願成就

第7代孝霊天皇の娘。三輪山の神オオモノヌシの妻。蛇に姿を変えた夫を見て驚き、陰部を箸で突いて命を落とす。その墓を箸墓という。巫女的な存在で、卑弥呼という説も。

さらっと

古事記

『古事記』の上巻（神様編）の
ストーリーを紙芝居風にご紹介します。

-1-

最初の神様誕生!

宇宙のはじめ、まだ天と地も分かれていない頃、3人の神様が生まれました。アメノミナカヌシ、タカミムスビ、カミムスビです。次に生まれたのはウマシアシカビヒコヂ、次はアメノトコタチ。これら5人の神様はこの後に生まれる地上の神様とは別という意味で、「別天神《ことあまつかみ》」といいます。

　次に生まれたのはクニノトコタチ、次にトヨクモノ。次に生まれたのは男神のウヒヂニと女神のスヒヂニ、次に男神のツノグヒと女神のイクグヒ、次に男神のオホトノヂと女神のオホトノベ、次に男神のオモダルと女神のアヤカシコネ、最後に男神のイザナギと女神のイザナミが生まれました。クニノトコタチからイザナミまでを「神世七代《かみよななよ》」といいます。

-2-

国生みと神生み

アメノミナカヌシたちは、イザナギとイザナミの二人に天沼矛《あめのぬぼこ》を与え、国を作るように命令します。二人は天と地に架けられた天浮橋《あめのうきはし》の上から天沼矛をぐるぐる掻き回して土地を作り、できあがったのが淤能碁呂《おのころ》島です。

二人はこの島で国を生むことにし、淡路、九州、四国、佐渡、対馬、壱岐、隠岐、本州が誕生します。この8つの島を大八島国《おおやしまくに》といいます。

この後にも多くの島を生み、島を生み終えると今度は神を生み始めました。そして最後に火の神ヒノカグツチを生んだ時、火傷をしてイザナミは死んでしまいます。怒ったイザナギはヒノカグツチを斬り殺しました。ヒノカグツチの死体からもたくさんの神様が生まれました。

-3-

黄泉国《よみのくに》と三貴子

イザナギは亡き妻イザナミを連れ戻すために黄泉国《よみのくに》へ。しかしイザナミはすでに黄泉国の食べ物を口にしてしまったので帰れません。イザナミは黄泉国の神様に相談してくるから待ってるように言います。その間、決して自分の姿を見てはいけないと言い残して。

しかしイザナギは待ちきれず、灯りをつけて見てしまいます。するとそこには腐乱したイザナミの身体が。恐れをなしたイザナギは逃げ出し、恥をかかされたと怒り狂うイザナミは追いかけます。

命からがら逃げきったイザナギが身を清めるために禊をすると、住吉三神やワタツミなど多くの神が誕生。そして最後に左目からアマテラス、右目からツクヨミ、鼻からスサノオが生まれました。

-4-

天岩戸

母に会いたいと泣いてばかりいるスサノオは父イザナギの怒りを買って追放。スサノオは姉アマテラスに別れの挨拶をするために高天原《たかまのはら》へ向かいます。乗っ取りに来たと思って待ち構えるアマテラスに対し、スサノオは身の潔白を証明するために誓約《うけい》を提案。その結果、疑いは晴れますがスサノオは高天原で乱暴《らんぼう》狼藉《ろうぜき》を働き、怒ったアマテラスは天岩戸に隠れてしまいます。困った神様たちは相談し、岩戸の前で宴を開くことに。岩戸の前で踊るアメノウズメ、それを見て笑い転げる神様たち。不思議に思ったアマテラスがそっと岩戸を開けると、アメノタヂカラオがアマテラスを引きずり出し、高天原に光が戻ります。そしてスサノオは罰を受け、追放されました。

-5-

ヤマタノオロチ

高天原から追放されたスサノオは出雲へ降り立ち、そこで泣き悲しんでいるアシナヅチ、テナヅチ夫婦とその娘クシナダヒメと出会います。

クシナダヒメがヤマタノオロチの生贄《いけにえ》にされるということを聞いたスサノオは自分がヤマタノオロチを退治することを申し出ます。

スサノオは8つの酒樽を用意して待ち構え、作戦通り酒を飲んで酔いつぶれたヤマタノオロチを見事退治（この時、ヤマタノオロチの尻尾から出てきた刀が草薙剣《くさなぎのつるぎ》です）。そして二人は結婚します。この時スサノオが詠んだ歌が「八雲《やくも》立つ　出雲八重垣《やえがき》　妻ごみに　八重垣作る　その八重垣を」です。これが日本で最初の和歌といわれています。

-6-

オオクニヌシ

ヤガミヒメに求婚するぞ〜!
あんたの兄さんたちに
騙されてこの様さ
こうすりゃ
治るよ

オオクニヌシは意地悪な兄神たちの荷物持ちとして、美人で名高いヤガミヒメへの求婚の旅に出ました。

途中、兄神たちに騙《だま》されて苦しんでいるウサギに出会い救ってあげると、ウサギはヤガミヒメと結婚できるのはオオクニヌシだと告げます。その言葉通り、ヤガミヒメが結婚の相手にオオクニヌシを選ぶと兄神たちは激怒し、オオクニヌシを殺してしまいます。母の必死の思いにより生き返ったオオクニヌシはスサノオのいる根の国へ旅立ちます。ここでスサノオの娘スセリヒメと出会い恋におち、試練の末に駆け落ちして結婚。その後、たくさんの女性と浮名を流しますが、国づくりにも精を出し、スクナビコナと力を合わせて豊かな国を作るのでした。

-7-

国譲り

オオクニヌシがいる葦原中国《あしはらのなかつくに》は自分の子が治めるべきだと考えたアマテラスは、息子アメノホヒを使いに出します。しかしその次に送った二人目の使者ともどもオオクニヌシに心酔し、いつまでたっても帰ってきませんでした。

しびれを切らしたアマテラスは武神タケミカヅチを派遣します。出雲に降り立ったタケミカヅチはオオクニヌシと交渉しますが、オオクニヌシは自分の二人の息子に聞くように言います。コトシロヌシは国を譲ることを了承しますが、タケミナカタは最後まで反抗。タケミカヅチに力比べを挑みますが勝負に負け逃亡します。二人の息子の状況を聞いたオオクニヌシは大きな宮殿を建てることを条件に国を譲りました。これが出雲大社です。

8

天孫降臨
あんた、誰?
道案内するためにやってきました
ポォ〜
テクテク
ウフフ

国譲りが決まったのでアマテラスは長男アメノオシホミミに地上を治めるよう命じます。しかしアメノオシホミミは自分ではなく、息子のニニギに行かせることを進言。こうしてニニギは三種の神器と稲穂をアマテラスから授かり、天孫降臨しました。

お供をするのは、アメノコヤネ、フトダマ、タマノオヤ、イシコリドメ、アメノウズメなど。

天上界からの途中の道ではサルタヒコが出迎え、道案内を務めました。これがきっかけでアメノウズメとサルタヒコは夫婦となります。

高千穂に到着した一行はそこでコノハナノサクヤヒメに出会います。その美しさにニニギは一目惚れするのでした。

-9-

コノハナノサクヤヒメ

ニニギはすぐに求婚しますが、コノハナノサクヤヒメは自分では決められないので父オオヤマヅミから返事をすると答えます。

結婚の申し出を喜んだオオヤマヅミは結納品と一緒に姉のイワナガヒメも差し出します。しかし容姿が醜かったためニニギはイワナガヒメを送り返すのでした。

コノハナノサクヤヒメと一夜を共にしたニニギは後日、コノハナノサクヤヒメから妊娠を告げられます。が、本当に自分の子かどうかを疑いました。

コノハナノサクヤヒメはニニギの子であることを証明するために御殿に火をつけてその中で出産します。無事に生まれた子はホデリ、ホスセリ、ホオリ（ヒコホホデミ）の3人の男の子でした。

-10-

海幸山幸

兄のホデリ（海幸）と弟のホオリ（山幸）はある日、互いの道具を交換して狩りをすることにしました。しかしホオリは兄の道具をなくしてしまいます。嘆いていると老人に声を掛けられ、そのとおりにすると海神の国に辿りつきました。そこで海神の娘トヨタマヒメと出会って夫婦となり3年間暮らします。

二つの珠を土産にもらい帰ってくるとホオリはこの珠で兄をこらしめることができました。やがて出産のためにトヨタマヒメがやってきます。しかし出産の際の本来の姿を見られ、恥じて子供を残して帰ってしまいました。息子の養育はトヨタマヒメが派遣した妹タマヨリヒメがすることになり、やがて二人は結婚します。その四子が初代神武天皇です。

神様系図

神様だって人間と同じように家族がいます。
祀られている神様同士の関係がわかってくると
神社めぐりがもっと楽しくなりますよ。

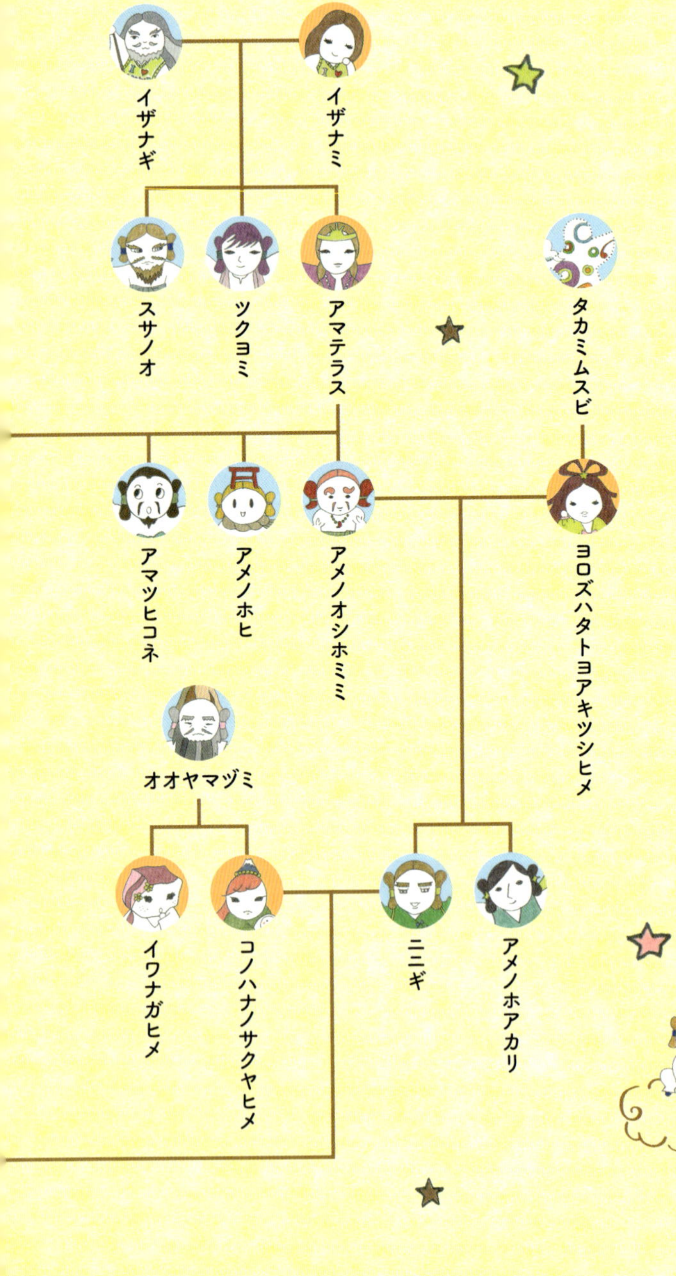

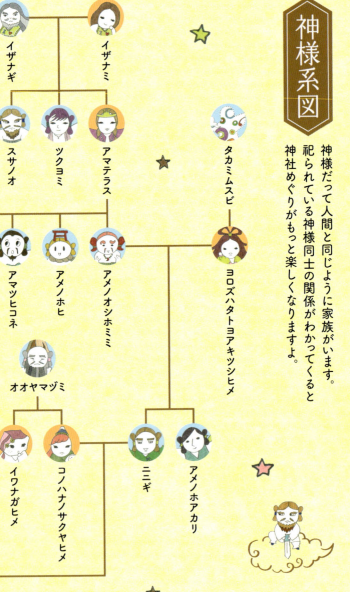

日向系

「日向系」とはアマテラスの孫ニニギが天孫降臨した日向（宮崎県）を舞台にした神様の系譜。ニニギ、ヒコホホデミ、ウガヤフキアエズを「日向三代」といいます。

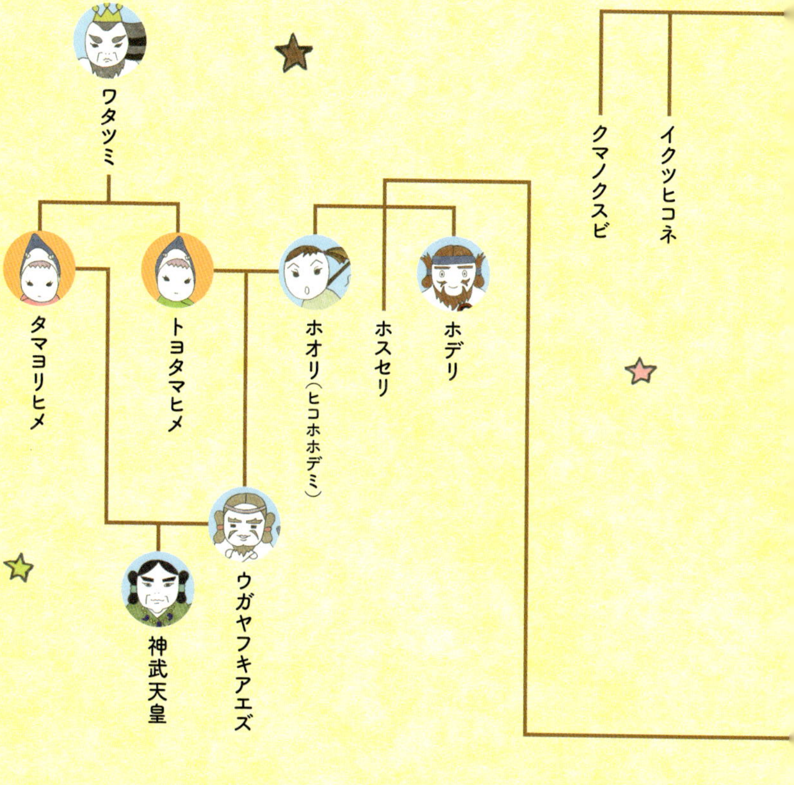

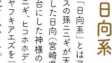

出雲系

「出雲系」とはスサノオやオオクニヌシが大活躍した出雲を舞台にした神様の系譜。高天原からやってきた「天つ神」に対し、もともといた神様を「国つ神」といいます。

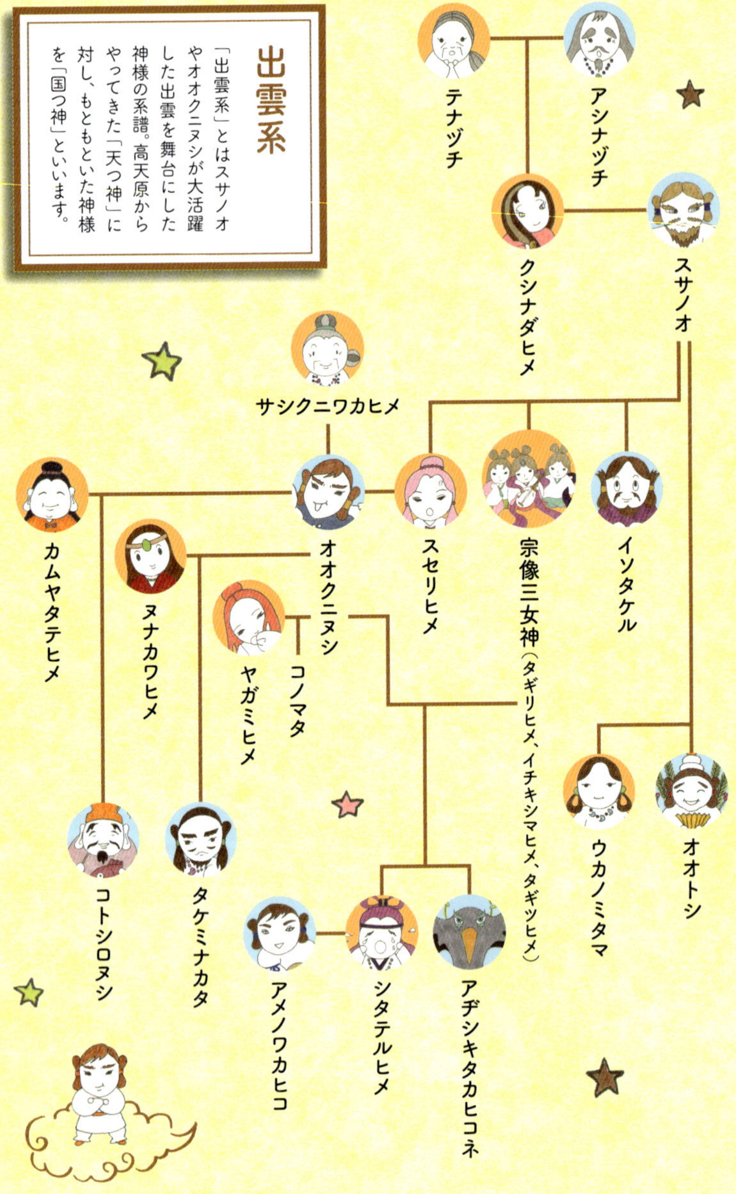

出雲

ころころ

縁結びに御利益ありで女性に大人気！

出雲大社

いづもおおやしろ

島根県出雲市大社町杵築東195

縁結び

オオクニヌシ

御祭神 大国主大神《おおくにぬしのおおかみ》

縁結びの神様として有名なオオクニヌシノカミを祀る出雲で一番有名な神社。オオクニヌシノカミがアマテラスオオミカミに「国譲り」をした際に、その代わりに建ててもらったのが始まりといわれ、その社殿の壮大さに圧倒されるはず。

大鳥居 神門通りの宇迦橋のたもとに立つ出雲大社の一の鳥居。高さ23メートルで鳥居にかかっている額の大きさはなんと6畳。ここから出雲大社の入り口までは約700メートル。お土産屋さんや美味しい食べ物屋さんが並んでいます。

ここは私も含め
祓戸大神といって
四柱の神様を祀っているの。
しっかりお清めさせて
いただきます！
セオリツヒメ

祓社（はらえのやしろ） 正門（二の鳥居）をくぐって少し歩くと右側にある小さな社です。身を清めてくれる神様が祀られているので、本殿の参拝前にまずはここで身を清めましょう。

ハミダシたいちゃん 神門通りには美味しいものやかわいいグッズを売ってるお店がたくさん。一畑電車大社線の出雲大社駅もレトロで雰囲気あるのでオススメです。

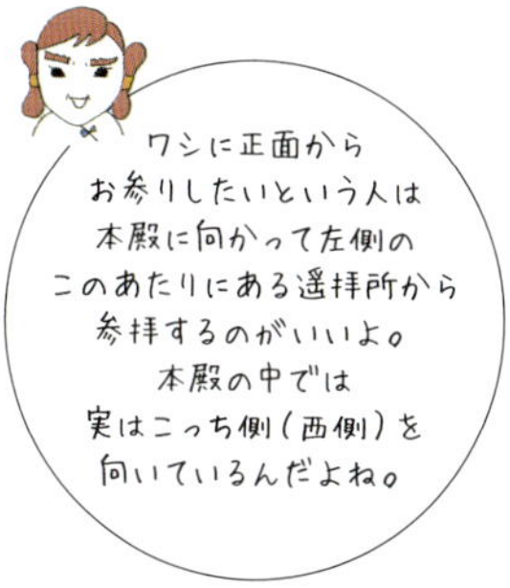

オモイカネの解説!

一般的には神社参拝の際には二拝二拍手一拝が作法となっているんだが、出雲大社では二拝四拍手一拝となっている。手を打つ回数がほかの神社は2回なのにここでは4回。間違えないようにな。ほかにも大分の宇佐神宮や新潟の弥彦神社も二拝四拍手一拝なんだよ。

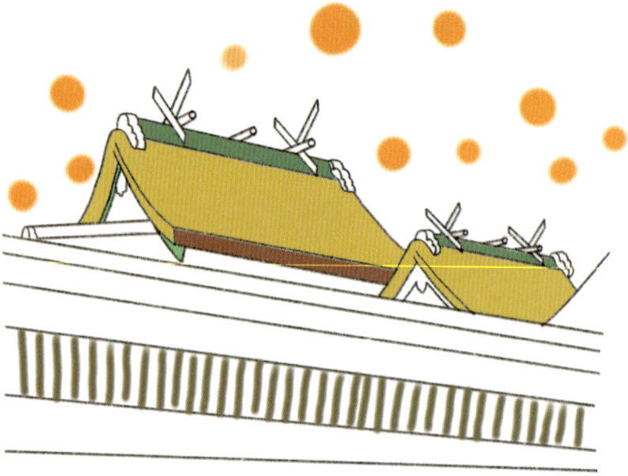

本殿 高さは8丈（24メートル）もあり、「大社造」と呼ばれる日本最古の神社建築様式を今に伝えています。現在の本殿は延享元年（1744）に造営されたもので国宝となっています。

古代本殿柱跡 本殿の正面にある八足門の前の地面を見るとこんな不思議な模様が！ これは古代の本殿の柱の跡地。3本の柱をひとつに束ねて1本の巨大な柱としていて、その遺構が平成12年にここから発見されたんです。

オオクニヌシ
旧暦10月のことを
神無月というんだけど、
これは全国の神様が出雲に集まって
神様がいなくなるから。
でも出雲では逆に神様がたくさんいるので、
ここでは神在月というんだよ。
ぞろぞろ・・・・

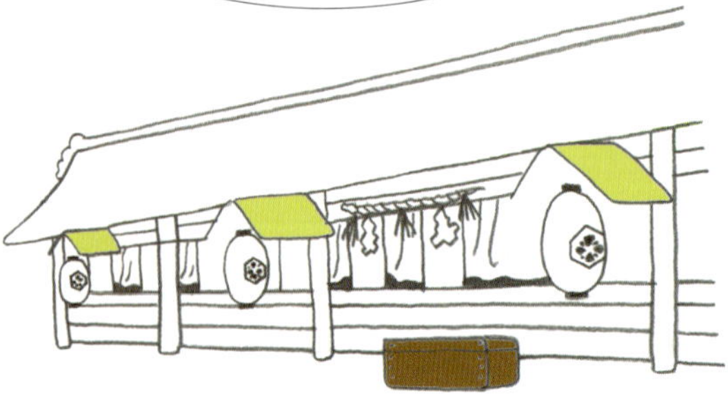

十九社 本殿を挟むように西と東に立つ細長い社殿で、神在祭の時に全国から集まった神様たちのホテルとなっています。

ハミダシたいちゃん 古代本殿の柱は出雲大社の宝物館や隣にある古代出雲歴史博物館に現物が飾られていますよ。古代に思いをはせてみて！

神楽殿 正面の大注連縄は長さ約13メートルで重さ5.2トン！　日本最大級の大きさです。ここの前庭にある国旗掲揚塔に掲げられる国旗はなんと75畳！　これまた日本一の大きさです。

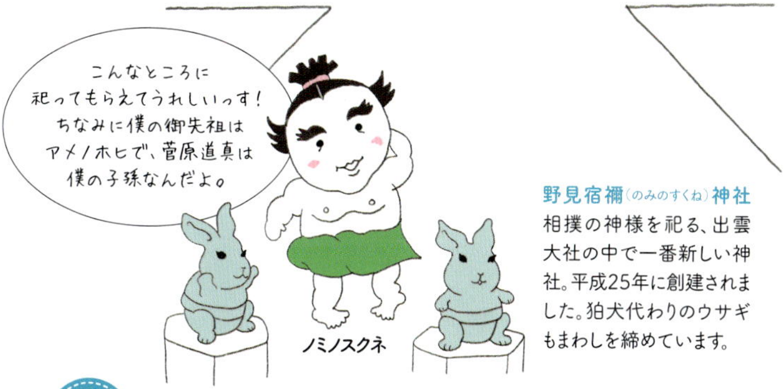
こんなところに
祀ってもらえてうれしいっす！
ちなみに僕の御先祖は
アメノホヒで、菅原道真は
僕の子孫なんだよ。
ノミノスクネ

野見宿禰（のみのすくね）神社 相撲の神様を祀る、出雲大社の中で一番新しい神社。平成25年に創建されました。狛犬代わりのウサギもまわしを締めています。

これもチェック!

出雲そば

そばの実を殻ごと挽くので黒っぽい色をしていて香りが強いのが特徴です。3つの器が重なった「割子そば」は上から食べて、食べ終わったら残ったつゆを次の器にかけて食べていきます。「釜揚げそば」も独特ですよ。

境内のウサギ 「因幡の白ウサギ」にちなんで、境内にはかわいらしいウサギの像が至るところに見つかります。その数なんと46羽以上。いろんな表情やポーズをしているのでお気に入りを見つけてみて！

ハミダシたいちゃん 出雲大社の正門のすぐ近くにある「俵まんぢう」はオススメ。だいこく様の米俵にちなんだ白餡の人形焼きみたいなお菓子です。お土産にもいいですよ。

タケミカヅチ参上！

→P26「国譲り」エピソード3

❶ トリノイワクスフネとともに出雲の稲佐の浜にやってきた使者タケミカヅチ。この国はアマテラスの御子の治める国ではないかとオオクニヌシに迫ります。
❷ コトシロヌシに聞くと……。
❸ タケミナカタは力比べを挑みますが諏訪に逃れて許しを請います。
❹ こうして国譲りはなり、出雲大社が建てられました。

境外摂社

オオクニヌシノカミの息子を祀る

阿須伎神社

あずきじんじゃ

島根県出雲市大社町遙堪

アヂシキタカヒコネ

御 祭 神　阿遅須伎高日子根命《あじすきたかひこねのみこと》

今はここ1社のみですが『出雲国風土記』によるとかつては39社もあり、このあたりでは一番たくさんあった神社だそうです。ひっそりとしていますがパワーを感じます。

拝殿 シンプルでかわいらしいつくり。奥に立派な本殿があり、本殿のさらに奥にある荒神社は独特の雰囲気を醸し出していました。

境外摂社

神秘的な巨木のパワーに圧倒！

命主社

いのちぬしのやしろ

島根県出雲市大社町杵築東

カミムスビ

御 祭 神　神皇産霊神《かみむすびのかみ》

推定樹齢1000年のムクの木が印象的。鳥居も狛犬もいない素朴な神社です。ここに祀られているのはオオクニヌシノカミの命を蘇らせた神様です。

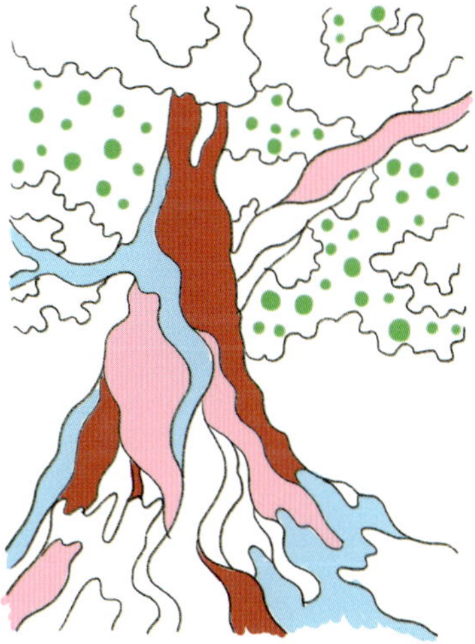

真名井遺跡 本殿の奥にはさらに神秘的な場所があります。ここから弥生時代の銅戈(どうか)や勾玉が発見されました。

ハミダシたいちゃん 地元の人は阿須伎神社にある荒神社を畏怖しているそうです。お参りの際は敬虔な気持ちで。

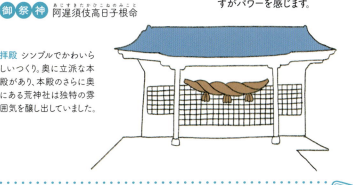

天孫降臨の舞台

因佐神社

境外摂社

いなさじんじゃ

出雲市大社町杵築北

御祭神　建御雷神《たけみかづちのかみ》

必勝
祈願
タケミカヅチ

高天原の使者がオオクニヌシノカミに国譲りを迫った場所で、出雲以外の神様タケミカヅチノカミを祀っています。出雲にとっては敵みたいなものなのに……。境内に入ったら一言も喋らずにお参りをすると願い事が叶うそうです。

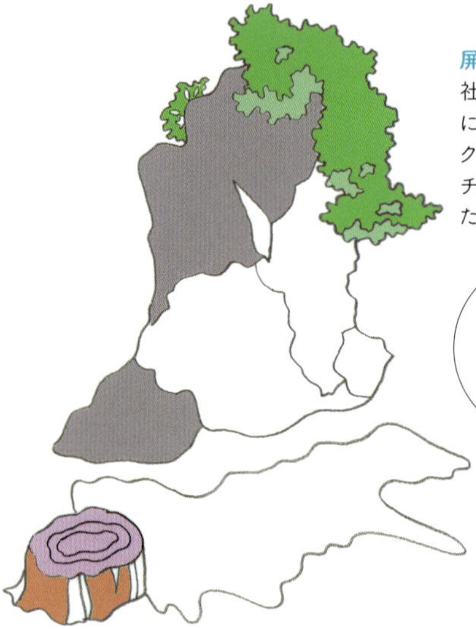

屏風岩（びょうぶいわ）因佐神社から歩いて数分のところにあります。この岩陰でオオクニヌシノカミとタケミカヅチノカミが話し合いをされたそうです。

ずいぶんと
海岸線が
後退しました
ねえ〜。
昔は
このあたりまで
海だったん
だよね〜。
オオクニヌシ
タケミカヅチ

稲佐の浜　タケミカヅチノカミが高天原から降り立った場所です。神在祭の際には全国の八百万の神様がこの浜から上陸されるので、ここでお迎えの儀式をします。この浜の砂を持っていけば出雲大社の素鵞社の砂を代わりに持ち帰ることができます。

ハミダシたいちゃん　ここから見る夕日も絶景。出雲観光協会のホームページではその日の夕日指数を教えてくれるのでチェックしてみてね。

四コマ古事記

因佐神社編

切り札の使者

→P26「国譲り」エピソード2

❶ 使者として遣わしたアメノホヒもアメノワカヒコも帰ってきませんでした。
❷ アメノオハバリは息子タケミカヅチにトリノイワクスフネとともに行くように命じました。このタケミカヅチはイザナギが剣(アメノオハバリ)で火の神カグツチを切った時にその血から生まれた神様です。
❸ トリノイワクスフネと旅立つタケミカヅチ。
❹ 稲佐の浜に刀(フツノミタマ)の柄を刺し、その上に座ってオオクニヌシに呼びかけました。

境外摂社

因幡の白ウサギもいる

伊奈西波岐神社

いなせはぎじんじゃ

出雲市大社町鷺浦102

御祭神 稲背脛命《いなせはぎのみこと》

交通安全
イナセハギ

御祭神のイナセハギノミコトとは『日本書紀』に登場する神様で『古事記』のトリノイワクスフネノカミ（アメノトリフネ）と同神といわれています。日本海の入り江の静かな漁村に佇む素朴な神社です。

拝殿 入口がずれてるのがちょっと気になります。この奥には立派な本殿があり、オオクニヌシノカミとヤガミヒメノミコトと白ウサギも配祀されています。

うれしい！
やっと二人きりになれたね。
ヤガミヒメ
オオクニヌシ
アメノホヒの子供です。『日本書紀』では国譲りの時にコトシロヌシへの使者として活躍したよ。トリノイワクスフネとの違いを出すためにバージョンアップして描いてもらいました。
イナセハギ
このあたりは昔は鵜鷺（うさぎ）村（鵜峠＋鷺浦）といったのさ。だからオイラも祀ってもらえたのかねえ。昔はここは鷺宮って呼ばれたんだよ。
白ウサギ
トリノイワクスフネ
イザナギとイザナミの子供です。古事記では僕が活躍したことになってます。

因幡の白ウサギ

→P25「オオクニヌシ」エピソード1

❶

❷

❸

❹

❶ 意地悪な兄神たちに荷物を持たされるオオクニヌシ。
❷ 苦しんでる白ウサギに嘘の治療法を教える兄神たち。
❸ オオクニヌシは真水で洗い蒲（がま）の花を摘んできてその上に寝転ぶようにアドバイス。

美しい庭園でリラックス

北島国造館《きたじまこくそうかん》

島根県出雲市大社町杵築東194

アメノホヒノミコトの子孫で出雲国造家の北島家による出雲教の総本院です。出雲大社の宮司家は室町時代に千家家と北島家に分かれ、現在は千家家が務めています。出雲大社の隣にあり、庭園がきれいで、のんびりリラックスできる神域です。

神殿 出雲大社と同じようにオオクニヌシノカミをお祀りしています。ここではよく結婚式も行われていますよ。ちなみに出雲大社を挟んで反対側には千家国造館があり、こちらは出雲大社教となっています。

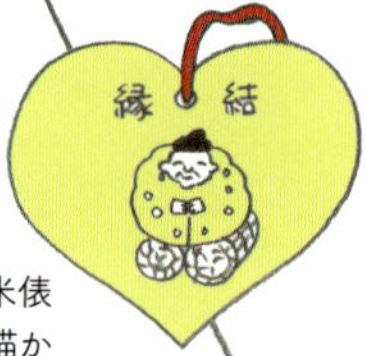

縁 結

ハートの絵馬 中心に米俵に乗っただいこく様が描かれています。だいこく様はオオクニヌシノカミ（大国主神）の別名です。

出雲大社も北島国造館も
僕の子孫がやってるんだよね。
あ、僕はアマテラスの次男ね。
国造っていうのは
今でいう知事みたいなもの。
庭園には僕を祀った
天穂日命社もあるんだよ。

アメノホヒ

庭園 神殿の左側にはきれいな庭園があります。奥には池があり、山の地形を利用した滝まで。池のほとりにはスクナビコナノカミを祀った天神社や菅原道真を祀った天満宮があります。

古代出雲のロマンが広がる

古代出雲歴史博物館

こだいいずもれきしはくぶつかん

島根県出雲市大社町杵築東99番地4

出雲大社の東隣にある博物館です。神話の故郷といわれる出雲の歴史を思う存分味わうことができます。開館時間は9時〜18時（11月から2月までは17時まで）で第3火曜日が休館日。入場料は大人が620円です。（2019年12月現在）

古代出雲大社本殿 現在の出雲大社の本殿の高さは約24メートルですが、平安時代には約48メートルだったと伝わっています。それを再現した模型です。

オオクニヌシ
国譲りの時、
高天原に届くほど屋根の高い宮殿を
つくってくれるようにお願いしたんだよね。
最初はさらに高い約96メートルとも
伝わってるんだ。

宇豆柱（うづばしら） 本殿前の地下から平成12年に発見された古代本殿の柱です。杉の巨木3本を束ねて直径約3メートルの柱としました。鎌倉時代のものと思われています。

銅鐸、銅剣、銅矛、銅鏡 荒神谷遺跡の358本の銅剣（それまで全国の総発掘数は約200本）や加茂岩倉遺跡の39個の銅鐸（1か所からの出土では全国最多）などがずらーと並んでいて圧巻です。

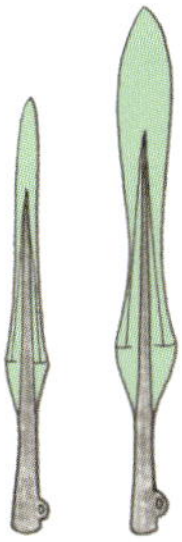

銅矛

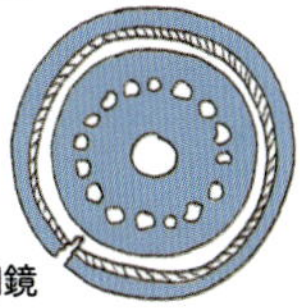

銅鏡

銅鐸

ハミダシたいちゃん ここのミュージアムショップは商品が超充実。銅鐸、勾玉、銅鏡はもちろん土偶まで。入場料を払わなくても入れますよ。

神様界の2トップを祀る

日御碕神社

ひのみさきじんじゃ

島根県出雲市大社町日御碕455

神恩感謝
縁結び

アマテラス　スサノオ

御祭神 天照大御神《あまてらすおおみかみ》／日沈宮、素盞嗚尊《すさのおのみこと》／神の宮

アマテラスオオミカミを祀る下の宮「日沈宮（ひしずみのみや）」とスサノオノミコトを祀る上の宮「神の宮」という上下2社からなり、両本社の総称が「日御碕神社」です。社殿は3代将軍・徳川家光の命により造営されたもので、東照宮と同じ権現造様式となっています。

神の宮 楼門をくぐって右手の小高いところにあります。弟のスサノオノミコトがお姉さんを見下ろしているようです。もともとは隠ケ丘で祀られていました。

日沈宮 伊勢が日本の昼を守っているのに対し、ここは日本の夜を守っています。もともとは経島で祀られていました。

スサノオ

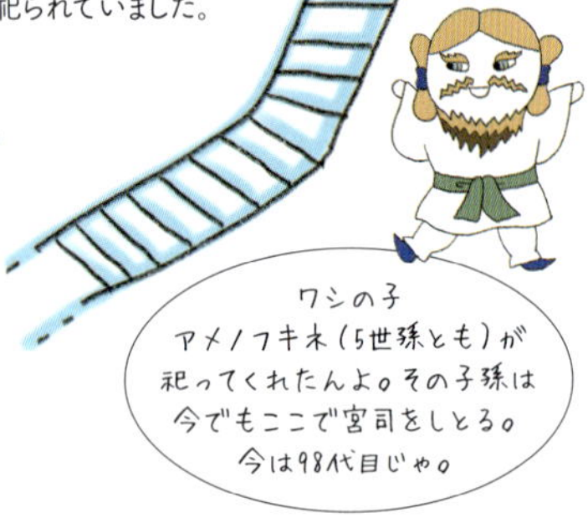
ワシの子
アメノフキネ（5世孫とも）が
祀ってくれたんよ。その子孫は
今でもここで宮司をしとる。
今は98代目じゃ。

国民に恵みを
与えるために
自ら経島に
降臨しました。

アマテラス

狛犬 楼門の中にいる狛犬は木製。高さ2メートルくらいあってけっこう大きい。狛犬は普通は右側が「阿」（口を開けてる）で、左側が「吽」（口を閉じてる）なんだけど、ここは逆でした。

社殿の装飾 徳川3代将軍の命で作られたとあって豪華です。日光東照宮建立の翌年から着工されたようで、どことなく雰囲気も似ていますね。注意深く見るといろんな意匠が見られて楽しいですよ。

隠ケ丘 スサノオノミコトが自らの魂の鎮まる場所を決めるために柏の葉を風に吹かせて占い、それが落ちた場所がここ。社殿はなく神籬（ひもろぎ）があるだけですが空気が違います。

経島（ふみしま） アマテラスオオミカミが降臨した島。今はウミネコの繁殖地として天然記念物になっています。神聖な島なので一般の人は上陸できません。

ハミダシたいちゃん 日御碕灯台のそばにある定食屋さん「花房商店」はウニやらサザエやら海鮮ものが美味しい！　オススメは「古事記丼」です。

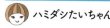

鏡の池の縁占いが大人気

八重垣神社

やえがきじんじゃ

島根県松江市佐草町227

御祭神 素盞嗚尊《すさのおのみこと》、稲田姫命《いなたひめのみこと》

ヤマタノオロチを退治したスサノオノミコトとクシナダヒメノミコトが日本で初の新婚生活を送ったというロマンティックな場所。古くから縁結びの神社として知られ、今も良縁を求める女性がたくさん訪れます。鏡の池に紙を浮かべる縁占いは盛り上がります。

鏡の池 ヤマタノオロチから守るためにクシナダヒメノミコトを隠した佐久佐女(さくさめ)の森の中にある池です。クシナダヒメノミコトが自分の姿を映していたと伝わっています。この池に占い用紙を浮かべてその上にコインを乗せ、紙が沈む時間や方向によって縁のある人を占う「縁占い」が人気です。

狛犬 背筋がピンとしてお行儀がよさそうな狛犬。ただ、島根県産の来待石(きまちいし)というもろい石でできているため風化が激しく顔が判明しません。

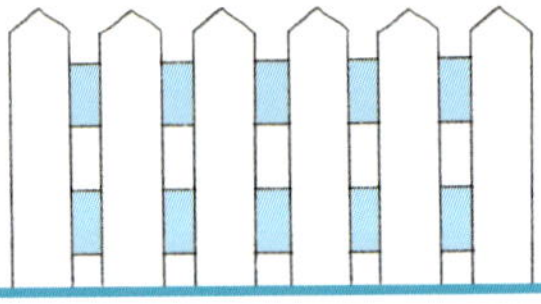

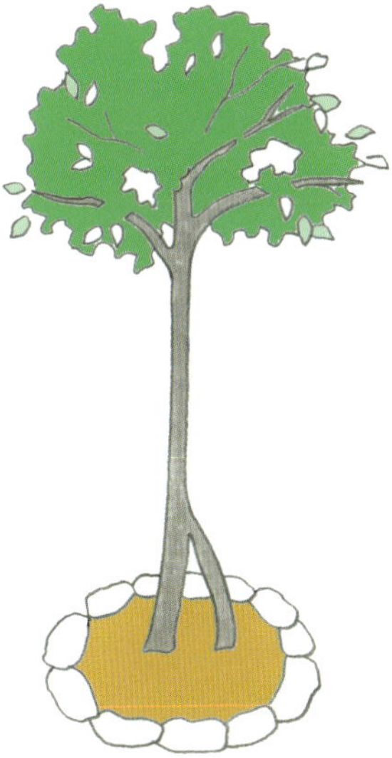

夫婦椿 クシナダヒメノミコトが地面にさした2本の椿の枝が芽吹いて一体となったことから、夫婦の愛の象徴として神聖視されるようになりました。境内には3本の夫婦椿があり、それぞれ名前がついています。

美のお守り 神札授与所では縁結びを応援してくれるオリジナルのお守りなどが売られています。このお守りは縁起のいい二葉椿をデザインしています。

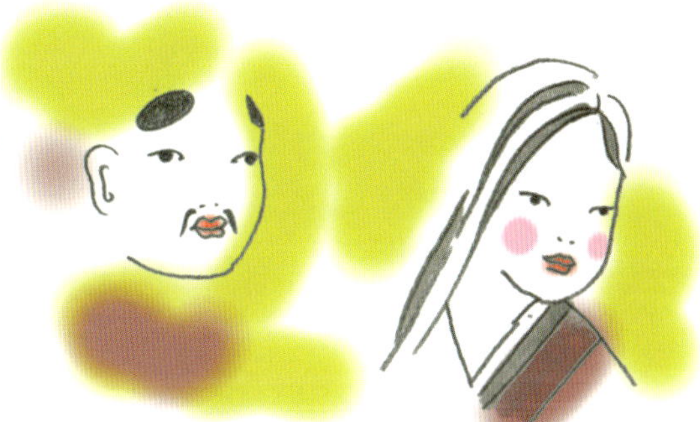

板絵著色神像（いたえちゃくしょくしんぞう） 本殿の壁に描かれていた神社界最古の板壁画で、スサノオノミコト、クシナダヒメノミコト、アマテラスオオミカミ、イチキシマヒメノミコト、アシナヅチノミコト、テナヅチノミコトの6柱が描かれています。宝物収蔵庫で見ることができます。

これはワシと
クシナダヒメね。
似てるかな？
スサノオ

オモイカネの解説！

神様の名前は『古事記』と『日本書紀』で違っていることが多いし、同じ読み方をしても神社によって漢字の表記はばらばらだったりするんだ。八重垣神社では「稲田姫」となっているけど『古事記』では「櫛名田比売」となってる。この本では『古事記』をもとにカタカナ表記をしているよ。

スサノオ降臨

→P24「ヤマタノオロチ」エピソード1

❶ 高天原を追放されたスサノオ。降臨した出雲の地を歩いていると川から箸が流れてくるのを見つけました。
❷ そこには娘を囲んで泣いている老夫婦がいました。
❸ 真っ赤なほおずきのような眼で、ひとつの体に頭が8つ、尾が8つ、胴体は苔むしていて、檜や杉も生えており、腹からは血が流れだしていてただれていて……とアシナヅチはヤマタノオロチについて説明しました。

和歌発祥の地で日本初之宮

須我神社

すがじんじゃ

島根県雲南市大東町須賀260

縁結び
縁結び
スサノオ
クシナダヒメ

御祭神 須佐之男命《すさのおのみこと》、稲田比売命《いなたひめのみこと》、清之湯山主三名狭漏彦八島野命《すがのゆやまぬしみなさろひこやしまのみこと》

日本初之宮

スサノオノミコトがヤマタノオロチを退治した後、クシナダヒメノミコトと過すために建てた日本で最初の宮です。その時に詠んだ和歌が日本で最初の和歌ということで「和歌発祥の地」といわれています。ここから車で数分、徒歩数十分のところにある八雲山には巨大な磐座を御神体とした奥宮があり、こちらもすごいパワースポットです。

日本初之宮碑 この石碑には「和歌発祥之遺跡」とも彫られています。境内にはスサノオノミコトが詠んだ歌の歌碑もあります。その歌が「八雲立つ　出雲八重垣　妻ごみに　八重垣作る　その八重垣を」です。

僕も長野の
諏訪大社から
呼ばれて
室町時代から
一緒に
祀られてます。
タケミナカタ

心が
すがすがしい
なあ。
スサノオ
クシナダヒメ

→ということでこの地は「すが」といわれるようになりました。

本殿と宮司さん 重厚感のある本殿に素敵な装束の宮司さん。気さくな方で、社務所でいろんな資料を見せてくださいました。スサノオノミコトとクシナダヒメノミコトの出会いのシーンを描いた衝立に心奪われました。

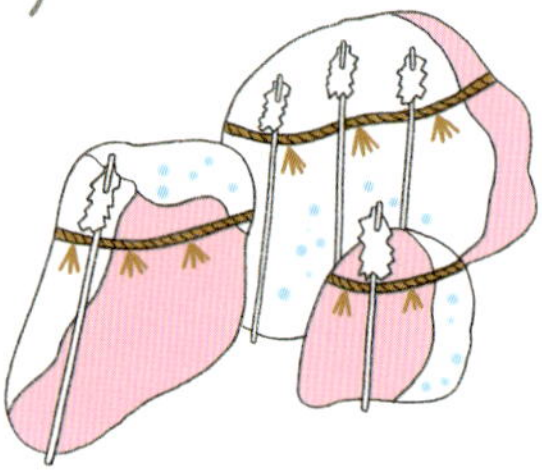

夫婦岩 奥宮の御神体です。山中に突然現れ圧倒されて動けなくなるほど。3つの巨石はスサノオノミコトとクシナダヒメノミコトとその御子神を模しています。

剣守 ヤマタノオロチを斬ったスサノオノミコトの剣をモチーフにした悪切りのお守りです。災いを断ち切り、幸福を授けてくれます。

奥宮 須我神社に行かれたらここも絶対にオススメ。車で数分の八雲山山中にあり、軽い登山気分が味わえます。湧水を使った天然の御手洗場（みたらし）があったり、道沿いには文人の歌碑が並んでいます。夫婦岩まで約15分。奥宮入口には杖があるので使わせていただくと楽ですよ。

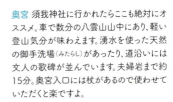

四コマ古事記
須我神社編

発見！草薙の剣

→P24「ヤマタノオロチ」エピソード2

2 スサノオはクシナダヒメを櫛に変えて自分の髪に挿し、アシナヅチに強いお酒（八塩折の酒）と垣根と8つの門をつくらせ、それぞれの門に八塩折の酒の入った酒壺を置かせました。
3 やってきたヤマタノオロチは酒を飲み干し酔っぱらって寝てしまい、そのすきにスサノオはヤマタノオロチを切り刻みました。
4 尾を切るとスサノオの刀の刃がこぼれました。怪しいと思って切り裂いてみると中から刀が出てきました。スサノオはこの刀をアマテラスに献上しました。これが後の草薙剣です。

七不思議をもつスサノオノミコト終焉の地

須佐神社

すさじんじゃ

島根県出雲市佐田町須佐730

縁結び
スサノオ

御祭神 須佐之男命《すさのおのみこと》、稲田比売命《いなたひめのみこと》、足摩槌命《あしなづちのみこと》、手摩槌命《てなづちのみこと》

スサノオノミコト終焉の地と伝わり「御魂鎮めの社」といわれています。「須佐」という地名はこの土地を気に入ったスサノオノミコト自らの命名。本殿の裏には樹齢1300年の巨大な杉の御神木がそびえたっています。

弟のことを
見守っています。
出雲で私を
祀っているところは
そんなに多くないので
こっちにも
来てくださいね。
アマテラス

天照社 本殿と通りを挟んで向かい合うように建っています。こちらの御祭神はアマテラスオオミカミです。

大杉さん 本殿の裏にある杉の大木は樹齢が1300年。まさに神々しい御神木です。パワースポットとして人気になっています。

ヤマタノオロチの骨 須佐神社に伝わる秘蔵の骨です。宮司さんが大事そうに箱から取り出して見せてくださいました。幅50センチくらいの大きさで意外と軽かったです。宮司さんは御祭神アシナヅチノミコトとテナヅチノミコトの御子孫で現在78代目だそうです。

塩ノ井 神社に伝わる七不思議のひとつ。日本海につながっていて満潮の時は付近の地面に塩の花をふくそうです。かつてスサノオノミコトがこの水を汲んでこの地を清めたとか。

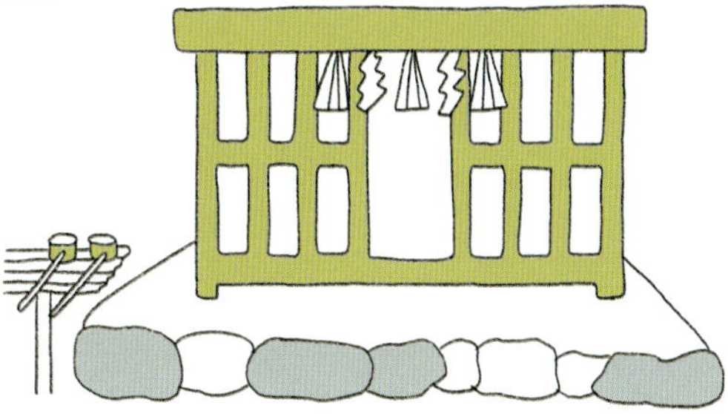

クシナダヒメノミコトの分社跡 かつてはここでクシナダヒメノミコトをお祀りしていたそうです。今では須佐神社に合祀されています。ここの地下には剣が埋まっているという伝説があるそうです。

室町時代の天文年間に
合祀してもらえました。
元いた場所は
温泉宿泊施設
「ゆかり館」の近くに
ありますよ。

クシナダヒメ

ハミダシたいちゃん 神社の隣りを流れる須佐川を橋の上から眺めるのもいいものです。

スサノオの歌

→P24「ヤマタノオロチ」エピソード3

❶ ヤマタノオロチを退治し、二人はいい場所を探して出雲の国を探し歩きました。
❷ 須賀に辿りついたふたり。「すがすがしい」から、この土地を「須賀」といいます。
❸ この土地に宮を建てている時、雲が立ちのぼっていたので歌をよみました。「八雲立つ　出雲八重垣　妻ごみに　八重垣作る　その八重垣を」これが日本最初の和歌です。
❹ アシナヅチは稲田宮主須賀之八耳神（イナダノミヤヌシスガノヤツミミノカミ）という名前をもらいました。

COLUMN

神《しん》紋《もん》

石上神宮

大神神社

須我神社

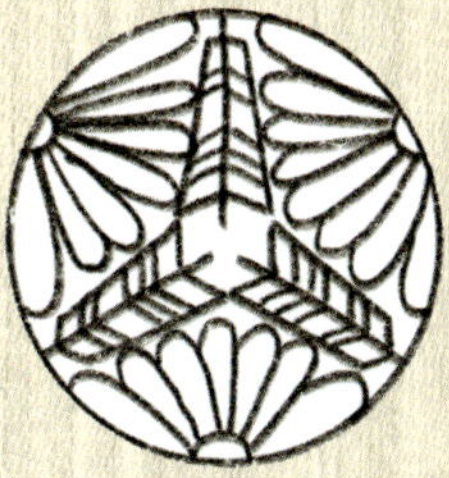

宮崎神宮

神魂神社

稲田神社

神社には家紋と同じようにそれぞれの「神紋」があります。神社ゆかりの植物や縁起物が用いられていることが多いので、その神社の由来などを知ることができ、興味深いです。参拝の際にはチェックしてみてください。

もうひとつの出雲国一宮

熊野大社

くまのたいしゃ

島根県松江市八雲町熊野2451

スサノオ

御祭神 神祖熊野大神櫛御気野命《かぶろぎくまののおおかみくしみけぬのみこと》（素戔嗚尊《すさのおのみこと》）

出雲大社と並んでこちらも出雲国一宮。火にまつわる神事があり、火の発祥の神社として「日本火出初之社（ひのもとひでぞめのやしろ）」とも呼ばれています。出雲大社とも深い関係があり、和歌山の熊野三山（熊野本宮大社、熊野那智大社、熊野速玉大社）とは別系統の由緒正しき神社です。

正面の鳥居と意宇川 神社の目の前は川が流れていて橋を渡って参拝します。春は川沿いに桜が咲き、名所となっています。

オモイカネの解説！

一宮（いちのみや）とは昔の行政区画としての「国」（出雲国とか武蔵国とか大和国とか）の中で最も社格の高い神社のことをいうんだ。基本的には1つの国に1つの一宮なんだが、出雲のように2つあることもあるんだよ。

鑽火殿（さんかでん） 火をおこすのに使う「燧臼」（ひきりうす）と「燧杵」（ひきりきね）を保管しています。今でも神事にはこの燧臼と燧杵を使って火をおこしています。

スサノオ

ここから10分くらい
歩いたところに
「上の宮跡地」というのがある。
今ワシがおるのは下の宮で、
もともとは2つの宮で
1セットだったんだ。
上の宮には熊野大社の
元宮である天狗山（熊野山）の
遥拝所もあるぞ。

亀太夫神事 毎年10月15日に行われる鑽火祭（燧臼と燧杵を出雲大社に授けるための一連の神事）で、出雲大社側が持参したお供え用の餅に対して熊野大社側がその出来ばえについて苦情を口やかましく言い立てるという変わった神事です。

伊邪那美（いざなみ）**神社** スサノオノミコトが祀られる本殿の左側にあり、スサノオのお母さんのイザナミノミコトが祀られています。本殿の右側の稲田神社には奥様のクシナダヒメノミコトが祀られています。

ハミダシたいちゃん スサノオノミコトがクシナダヒメノミコトに贈った櫛をかたどったというお守り「縁結櫛」がかわいくてオススメです。

アマテラスオオミカミの次男が創建

神魂神社

かもすじんじゃ

島根県松江市大庭町563

子宝・安産

イザナミ

御祭神 伊弉冉尊《いざなみのみこと》

アマテラスオオミカミの次男アメノホヒノミコトが高天原から降臨し、祖母にあたるイザナミノミコトを祀ったことに始まります。国宝となっている本殿はもちろん、境内には昔から変わらない姿をとどめている興味深い摂社がいくつもあり異空間のようです。

男坂と拝殿 拝殿正面に続く急な石段の男坂。坂を登り切って拝殿の前に立つとホッとします。左側にはゆるやかな女坂もあります。

オモイカネの解説！

神社の社殿は三角形の屋根を持つ切妻造が基本で、屋根の平面に向かって入口を作る「平入り」(神明系)と三角形に向かって入口を作る「妻入り」(大社系)に分かれる。その中でも出雲大社に代表される建築様式を「大社造」、伊勢神宮に代表される建築様式を「神明造」というんだ。

ここは僕の子孫が
出雲国造となって
25代目までいたところなんだ。
境内にある釜社には
僕が天下ってきた時に
乗っていた鉄釜が
祀られてるよ。

アメノホヒ

本殿内壁画 本殿には江戸時代の絵師・狩野山楽や土佐光起の筆と伝わる壁画があります。また、出雲大社の天井に7つの雲が描かれているのに対し、この天井には9つの雲の絵が描かれています。

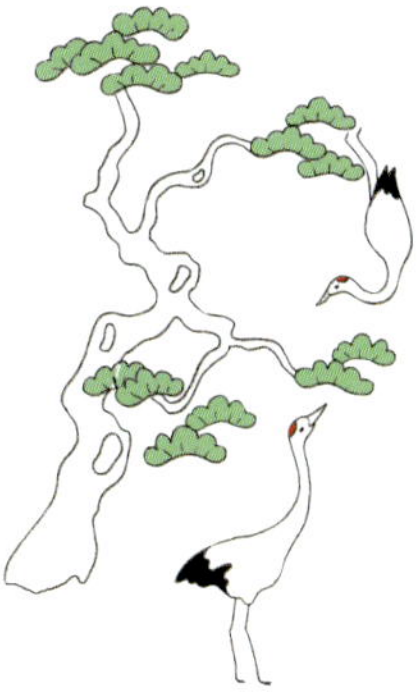

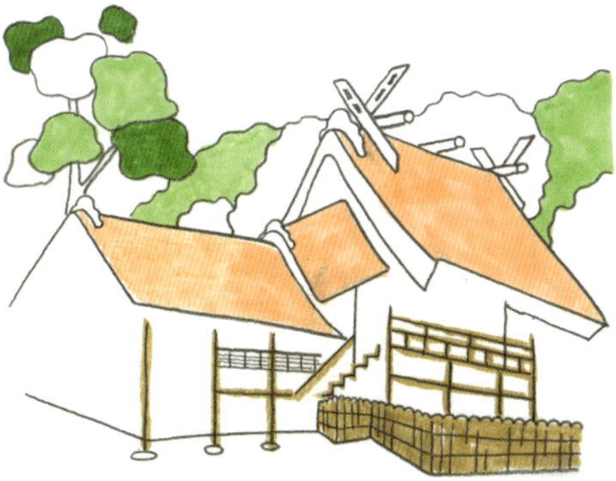

本殿 現存する最古の大社造の社殿で室町時代に建てられたもの。国宝となっています。600年以上前の社殿が今もそのまま残っているのに感動です。内削ぎの千木に3本の鰹木となっている変則スタイル。

僕は出雲国造13代。
この神社の裏山に巨石が
いっぱいあって、
そこで練習したんだ。

ノミノスクネ

貴布祢(きふね)・稲荷両神社 社殿は安土桃山時代の建立で重要文化財に指定されています。ひとつの社殿にふたつの神社が入ってるんですね。狐さんが何体もいてかわいいです。

国譲りの使者選び

→P26「国譲り」エピソード1

1

2

3

4

❶ 葦原中国を統治するため、アマテラスは長男のアメノオシホミミに命じました。
❹ しかしアメノホヒはオオクニヌシと仲良くなって3年たっても帰ってきませんでした。このアメノホヒの子孫が出雲大社の宮司家です。

導きの神サルタヒコノカミを祀る出雲国二宮

佐太神社

さだじんじゃ

島根県松江市鹿島町佐陀宮内73

開運
サルタヒコ

御祭神 佐太大神《さだのおおかみ》（猿田毘古大神《さるたひこのおおかみ》）

ニニギノミコトが天孫降臨した時に道案内をしたサルタヒコノカミを祀る神社です。大社造の本殿が3つ並ぶ様子は迫力満点。御座替（ござがえ）祭で行われる佐陀神能（さだしんのう）は国の重要無形民俗文化財でありユネスコの無形文化遺産にも登録されています。

本殿 真中にある正中殿（せいちゅうでん）には主祭神のサルタヒコノカミのほかに4柱、向かって右の北殿には2柱、向かって左の南殿には5柱と、全部で12柱の神様が祀られています。3社それぞれ神紋が違いますので比べてみるのも面白いですよ。

佐陀神能 本殿三社以下摂社末社の神座のござを敷き替える御座替祭で行われるもので、七座神事・式三番・神能の舞を奉納します。佐陀神能とはこの3つの総称です。

ここには
私のお墓もあるの。
母儀人基社
（はぎのひともとしゃ）といって
南殿の奥にある
三笠山に続く
石段を登ったところ。
子宝や安産の
お願いにどうぞ。
イザナミ

サルタヒコ
加賀の潜戸
（かかのくけど）で
生まれたんだよ。
オオクニヌシを
助けたキサガイヒメです。
カミムスビの娘で、
サルタヒコの母です。
キサガイヒメ

佐太神社から100メートルくらい行ったところにある北殿の摂社です。2つのお社が背中を向けて建っています。北殿の御祭神はアマテラスオオミカミとニニギノミコト。ここに祀られているのはニニギノミコトとゆかりのあるコノハナノサクヤヒメノミコトとイワナガヒメノミコトの姉妹です。

縁結びしたい人も
縁切りしたい人も

境外摂社

田中神社

たなかじんじゃ

島根県松江市鹿島町佐陀宮内73

御祭神 木花開耶姫命《このはなさくやひめのみこと》／西社
磐長姫命《いわながひめのみこと》／東社

子宝安産

コノハナノサクヤヒメ

縁切り

イワナガヒメ

西社・東社 北殿を向いているのはニニギノミコトの妻となった妹のコノハナノサクヤヒメノミコトの西社、背中を向けているのがニニギノミコトに帰されてしまった姉のイワナガヒメノミコトの東社です。それぞれの御利益は『古事記』の内容が反映されています。

これもチェック！

ぜんざい

佐太神社の神在祭の神送りの日に、お供えされていた餅と小豆を煮て再びお供えする「神在餅（じんざいもち）」がぜんざいの起源と云われています。出雲にはぜんざいを出すお店がたくさんあります。

縁結びと安産は
私に！
イワナガヒメ
コノハナノサクヤヒメ
縁切りや長寿は
私のところへどうぞ！

ハミダシたいちゃん 佐太神社近くの喫茶店「佐陀乃だんだん家」では、おすましに岩海苔の入った、ちょっと変わったぜんざいが食べられます。

イワナガヒメの悲しみ

→P28「コノハナノサクヤヒメ」エピソード1

1 ニニギから娘コノハナノサクヤヒメを求婚されて喜ぶ父オオヤマヅミ。
2 姉妹揃ってニニギの前へ登場。しかし美しくない姉イワナガヒメは帰されてしまいます。
3 すぐにコノハナノサクヤヒメとベッドイン。
4 帰ってきたイワナガヒメを見て恥じ入るオオヤマヅミ。実は天神の代々の御子が長生きするようにとイワナガヒメを送ったのでした。このため天皇の命はその後、桜の花のようにはかないものとなりました。

えびす様の総本宮

美保神社

みほじんじゃ

島根県松江市美保関町美保関608

商売
繁盛
コトシロヌシ

御祭神 三穂津姫命《みほつひめのみこと》、事代主神《ことしろぬしのかみ》

商売繁盛の神様として有名なえびす様（コトシロヌシノカミ）を祀る全国のえびす社の総本宮です。島根県の東端の美保関にあり、周囲は長閑な漁村の風景が広がっています。一緒に祀られているミホツヒメノミコトはオオクニヌシノカミの妻。ここでは義理の母と子が並んで祀られています。

本殿 ふたつの社殿がひとつになった特殊な形式で「美保造」とよばれています。向かって右がミホツヒメノミコト、左がコトシロヌシノカミです。両殿の間に大后社（きさいのやしろ）、姫子社（ひめこのやしろ）、神使社（かみつかいのやしろ）という摂社3社が入っています。

コトシロヌシ
義母のミホツヒメは
タカミムスビの娘なんだ。
国譲りの後、
父上（オオクニヌシ）が
恭順の意思を示すために
結婚したんだ。
僕のほんとのお母さんは
カムヤタテヒメ。
大后社にいるんだよ。

えびす様 七福神のひとりで唯一の日本の神様。エビスビールでおなじみですね。コトシロヌシノカミのほかに、イザナギ・イザナミ両神の最初の子であるヒルコなど複数の神様が習合してできあがった神様です。

巫女舞　拝殿では毎日、朝御饌祭（あさみけさい）と夕御饌祭（ゆうみけさい）という、日々のお供えを献上し神恩に感謝する祭典が行われます。朝は8時半、夕は15時半からで、そこでは神楽が奉納され巫女舞を見ることもできます。

昇運鯛守　コトシロヌシノカミの象徴の鯛とミホツヒメノミコトの象徴の稲穂を組み合わせたお守り。

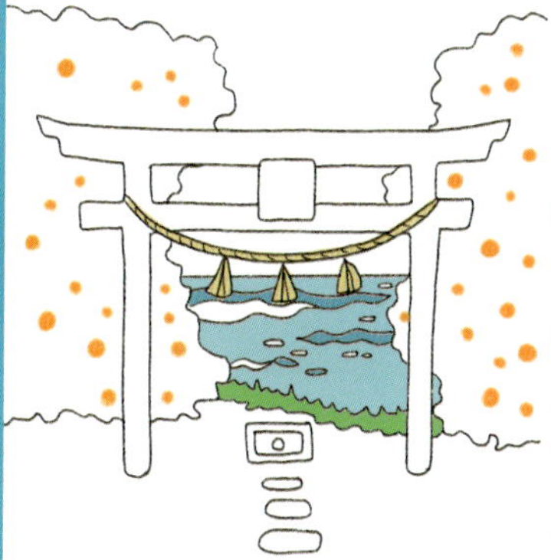

沖の御前島　美保関灯台の近くの鳥居の先に見える面積わずか0.26haの小島です。釣り好きなコトシロヌシノカミが魚釣りをされたところといわれ、現在でも海底からは神楽の音が聞こえるといわれます。美保神社の飛地境内地で禁足地となっています。

オモイカネの解説！

七福神とは、大黒天（だいこくてん）、毘沙門天（びしゃもんてん）、恵比寿天（えびすてん）、寿老人（じゅろうじん）、福禄寿（ふくろくじゅ）、弁財天（べんざいてん）、布袋尊（ほていそん）の7人の神様の総称。ヒンドゥー教、仏教、道教、神道など様々な背景を持っている。大黒天はもともとヒンドゥーの神様で後にオオクニヌシと習合した神様。オオクニヌシとコトシロヌシは親子で七福神に入ってることになるんだ。

ハミダシたいちゃん　美保神社の鳥居のすぐそばには青石畳み通りという風情のある通りがあります。また港ではイカ焼きのお店が出ていていい香りが漂っていますよ。

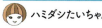

コトシロヌシの承諾

→P26「国譲り」エピソード4

❶ タケミカヅチが稲佐の浜に来た時、コトシロヌシは『御大之前（みほのさき）』に釣りに行って留守でした。
❸ トリノイワクスフネに連れてこられたコトシロヌシはタケミカヅチから事情を聞き、父オオクニヌシに言いました。
❹ そして乗ってきた船を踏み傾けて柏手を打って呪文を唱え、消えてしまいました。

勝利を引き寄せる！

長浜神社

ながはまじんじゃ

島根県出雲市西園町上長浜4258

スポーツ上達

ヤツカミズオミツヌ

御祭神 八束水臣津野命《やつかみずおみつぬのみこと》

出雲の国を作り上げた国引きの神様ヤツカミズオミツヌノミコトを祀る神社です。もともとの名前は出雲神社。『古事記』にはスサノオノミコトの子孫でありオオクニヌシノカミの祖父として「オミズヌノカミ」という名で記載があります。出雲の歴史を語るには欠かせない神様のお社です。

拝殿 妙見山の中腹にあり長い石段の先に立派な注連縄をもった随神門が現れます。そのまま進むと正面に拝殿、その奥に大社造の本殿がでんとひかえています。拝殿では国引き神話から1文字選んで板に書く「写詞」(うつしことば)ができます。

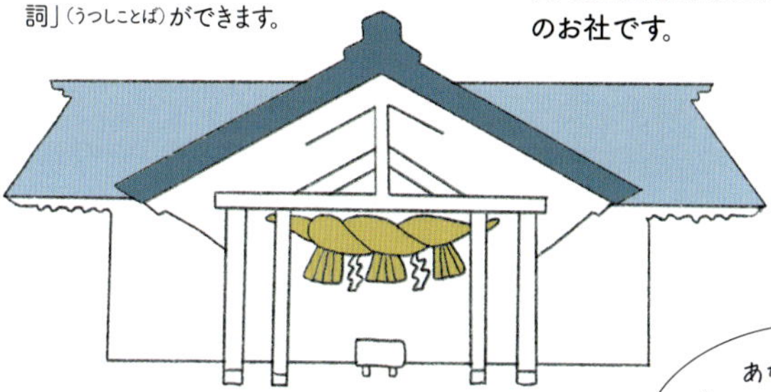

ヤツカミズオミツヌ

あなたのために
幸せや結婚、お金などの
お願い事を引き寄せますよ。
スポーツ上達したい人も
どうぞ！

弓掛(ゆみかけ)の松 豊臣秀吉の唐入り(朝鮮出兵)に際して加藤清正や片桐且元や福島正則といった名だたる武将の参拝があり、その時に片桐且元が弓をかけたと伝わる松の木です。

僕らのおかげで
「勝負に勝つ神」として
信仰が集まるように
なったんだよ

加藤清正

ハミダシたいちゃん 境内にある「厳藻（いずも）かけ」は、海で身を清めた証として海から持ってきた海草をお供えするためのもの。「いずも」の語源はここから来たという説もあります。

三社鳥居 境内で異彩をはなっているのがこちらの鳥居。大和国一宮・大神神社の三ツ鳥居にちなんだもので、奥には夫婦石や岐神社などがあります。

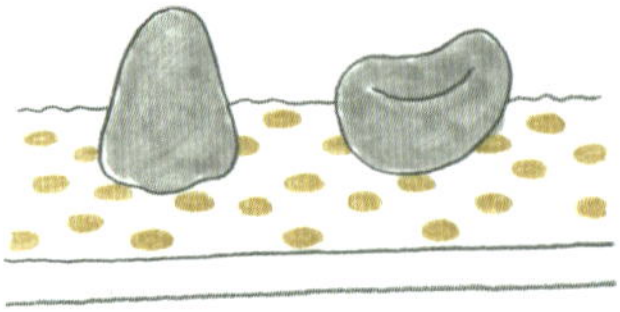

夫婦石 子授けや安産に御利益がある石として知られています。左が男石で、右が女石。この2つの石をなでるといいそうです。

オモイカネの解説！

『風土記』とは713年に元明天皇の詔をうけて諸国が作成した書物で、地名の由来・地形・産物・古伝説などが書かれたもの。残っているのは出雲、常陸、播磨、肥前、豊後の5国のみで、『出雲国風土記』だけは完全な形で現存してるんだ。そこに書かれた神話は記紀神話と大きく違っているんだよ。

縁結手形・願ひ綱 手形に願いを書いて三瓶山の近くにある佐比賣山（さひめやま）神社の「叶え杭」に結ぶと願いが叶うと言われています（願いによって糸の色が違います）。三瓶山はヤツカミズオミツヌノミコトが土地を引っ張ってくるために綱をかけた山です。

国引きの図 ヤツカミズオミツヌノミコトが引っ張ってきた土地です。どのようにして引っ張ってきたかは左の4コマ漫画をご覧ください。

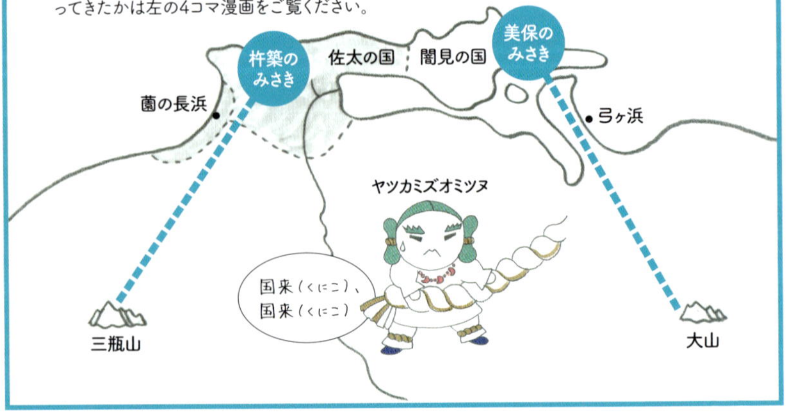

国引き

番外編『出雲国風土記』

四コマ古事記

長浜神社編

❶ これは『古事記』ではなく『出雲国風土記』のお話です。
❷ 朝鮮半島の新羅から杵築のみさきを、隠岐の島前から狭田の国を綱をかけて引っ張ってきました。新羅を引っ張ってきた綱が薗の長浜（稲佐の浜）で、綱をつなぎとめるための杭にしたのが三瓶山です。
❸ 次に、隠岐の島後から闇見の国を、最後に能登半島から美保関のみさきを同じように綱をかけて引っ張ってきました。能登半島を引っ張ってきた綱が弓ヶ浜で、綱をつなぎとめるための杭にしたのが大山です。
❹ 国引きを終えると大地に杖を突きさし、そこは意宇の杜となりました。

岩船に乗ってやってきたスサノオノミコトの社

韓竈神社

からかまじんじゃ

島根県出雲市唐川町字後野408番地

縁結び
スサノオ

御 祭 神 素戔嗚命《すさのおのみこと》

山の中の駐車場から参道入口まで歩き、そこから険しい山道を登ってやっとの思いでたどり着くことができるという参拝難度の高い神社です。高天原から天下ってきたスサノオノミコトが朝鮮半島の新羅に降り立ち、その後この地へ来たという伝説が残っています。

社殿 大岩のくぼみに窮屈そうに建っています。社殿というか祠といったほうがいいかも。狭い境内であり特に見るべきものもないのですが、参拝の苦労を思うとなかなか立ち去ることができません……。

スサノオ
新羅から
岩船に乗ってやってきたよ。
あ、このことは『古事記』には
書いてないけどね。

参道 鳥居をくぐって危険な山道を登ってほっとしたと思ったら現れるのが50センチほどの岩の隙間。体格のいい人や閉所恐怖症の人では通ることができません。この岩の隙間を産道に見立てたことにより、ここは安産や子宝の御利益があるといわれています。

岩船 スサノオノミコトが乗ってきたという船。鳥居の前の道の脇から巨石が谷にせり出しています。

入口鳥居 鳥居の先には険しい斜面。自然の石を使った石段を登ると道はやがてさらに険しくなり、気を抜けません。服装や靴など、しっかり装備して参拝してください。日が落ちると真っ暗になるので明るいうちに行ってくださいね。

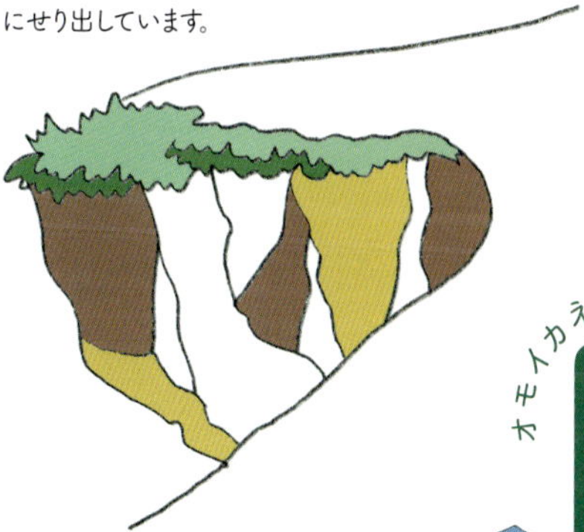

オモイカネの解説!

スサノオが朝鮮半島の新羅に降り立ったというのは『古事記』ではなく『日本書紀』に書いてあるエピソード。記紀では記述内容にかなり違いがあるんだ。『古事記』の神話の3分の1を占める「因幡の白ウサギ」など出雲神話は『日本書紀』には書かれていないんだよ。

新羅から出雲へ

番外編『日本書紀』

❶ これは『古事記』ではなく『日本書紀』の別伝のお話です。高天原で乱暴を働くスサノオ。
❸ 追い出され、息子のイソタケルと一緒に新羅の国に天下ったスサノオ。しかしこの地が気に入らず、すぐに旅立ちます。
❹ 土で船をつくり出雲の国の鳥上の地に降臨。ヤマタノオロチを退治。一緒に降り立った息子のイソタケルは高天原から持ってきた種を韓の国には植えず日本中に播きました。

剣を振り回して逃げたイザナギノミコトに由来

劔神社

つるぎじんじゃ

島根県松江市八雲町日吉10

イザナミ

御祭神 伊弉冉命《いざなみのみこと》

亡くなった妻に会うために黄泉国へ行き、約束を破って妻の姿を見てしまったために恐れをなして逃げ出したイザナギノミコトが、イザナミノミコトに追われて剣を振り回して逃げたのがこのあたりだと伝わっています。剣山の山頂にある神社はあまり人が訪れることもなく、階段や境内の苔がいい雰囲気を出していました。

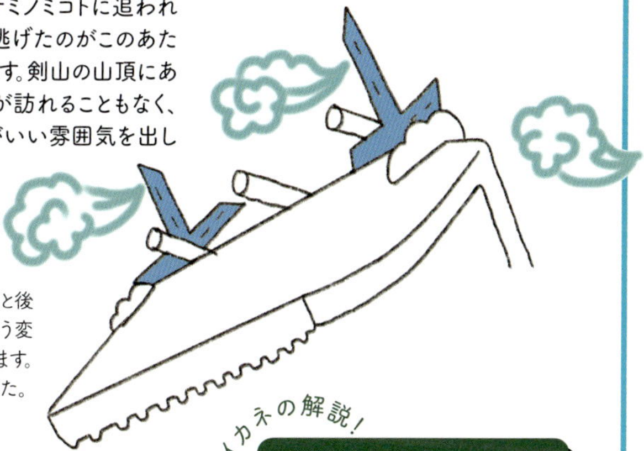

本殿 屋根の千木が前と後ろで切り方が違うという変わった作りになっています。鰹木は3本で奇数でした。

オモイカネの解説！

一般的には神社の屋根にある千木と鰹木にはルールがあるんだ。そこに祀られている神様が男性神なら千木は外削ぎ（垂直）で鰹木は奇数、女性神なら千木は内削ぎ（水平）は偶数。

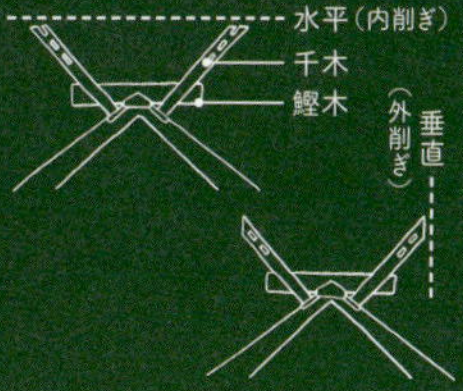

ハミダシたいちゃん　この神社の近くにイザナミの墓と伝わる岩坂陵墓参考地があります。

黄泉の国へ旅立ったイザナミノミコトの霊地

揖夜神社

いやじんじゃ

島根県松江市東出雲町揖屋2229

イザナミ

御祭神 伊弉冉命《いざなみのみこと》

イザナギノミコトとイザナミノミコトが最後の別れをした黄泉国とこの世との境「黄泉比良坂」（よもつひらさか）の近くにありイザナミノミコトを祀る神社です。本殿の両脇には摂社があり、ここにはスサノオノミコト・イダケルノミコト（イソタケル）親子とミホツヒメノミコトが祀られています。

隋神門 鳥居を入るとまず見えるのが隋神門です。この中には珍しい木製の狛犬がいらっしゃいました。朱で染められて黄金の目を持つ狛犬は八重垣神社の狛犬のように背筋のたったりりしい姿。

コトシロヌシ伝説 コトシロヌシノカミは愛する姫に会うために夜な夜なこの地を訪れていて朝の鶏の鳴き声とともに帰っていました。ある日、鶏が間違えて夜中に鳴いてしまい、コトシロヌシはあわてて帰ったため足を怪我したのだとか。そのため、揖夜や美保の地域では鶏肉や卵を食べない習慣がありました。

コトシロヌシ

荒神社　境内の茂みの中に2社の荒神社があり、藁でできた蛇が置かれています。御祭神の荒神に関してはいろんな説がありますが、ここではスサノオノミコトとなっています。

黄泉比良坂　亡くなったイザナミノミコトに会いにイザナギノミコトが訪れた死者の国とこの世との境です。門の近くには逃げるイザナギノミコトを救った山桃が植えられています。揖夜神社から車で3分くらい。

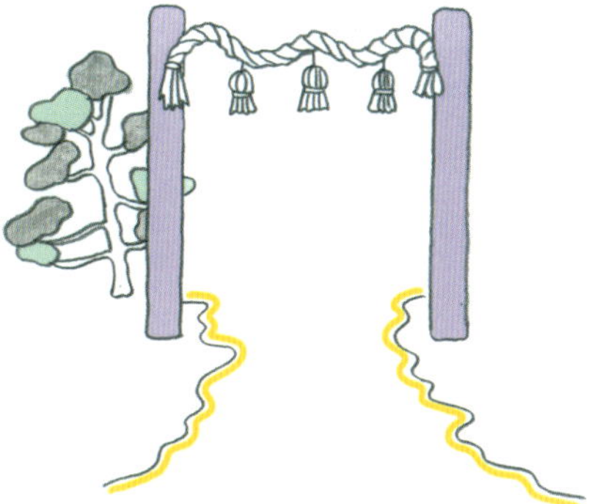

イザナギ様と
あんな別れになるなんて……。
イザナミ

千引（ちびき）の岩戸　逃げてきたイザナギノミコトが黄泉国への入り口を塞いだ大岩です。この岩を道反大神（チガエシノオオカミ）といいます。

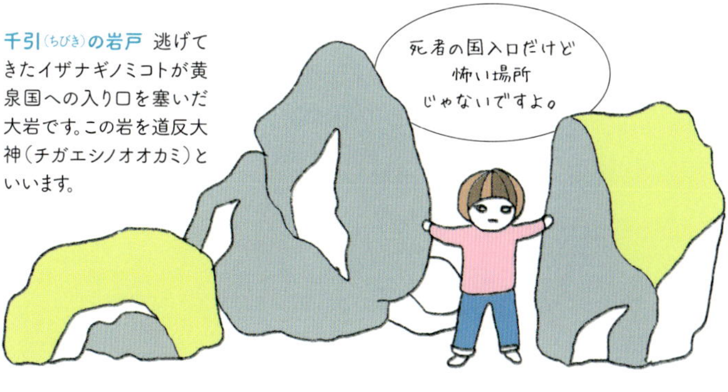
死者の国入口だけど
怖い場所
じゃないですよ。

四コマ古事記

揖夜神社編

イザナミとの別れ

→P22「黄泉国と三貴子」エピソード1

❶ 死んだ妻イザナミを追い、黄泉国へ行くイザナギ。しかしすでにイザナミは死の国の食べ物を食べてしまっていたので帰ることはできません。イザナミは黄泉国の神々と相談するので待つように言い出ていきました。決して自分の姿を見ないようにと言い残して。
❷ 待ちきれなくなって火をつけて見てみると……そこには腐乱した妻の体が！
❸ 逃げるイザナギと手下と一緒に追うイザナミ。
❹ 黄泉比良坂を千引岩で塞ぐイザナギ。これがイザナギとイザナミの永遠の別れとなりました。

願い石と叶い石で幸せゲット

玉作湯神社

たまつくりゆじんじゃ

島根県松江市玉湯町玉造508

御祭神 櫛明玉神《くしあかるたまのかみ》、大名持神《おおなもちのかみ》、少彦名神《すくなひこなのかみ》、五十猛神《いたけるのかみ》

古代から玉作りをしていた場所に建つ神社。御祭神のクシアカルタマノカミはタマノオヤノミコトの別名で出雲玉作部の祖神です。ここからは玉類の完成品、半製品、砥石、古代のガラス、坩堝（るつぼ）など700余りが出土し、いずれも国の重要文化財になっています。

願い石 境内にある神秘的な丸い石。この石に叶い石を触れさせてお願い事をします。この石は「湯山主之大神」として古くから大切にされてきました。

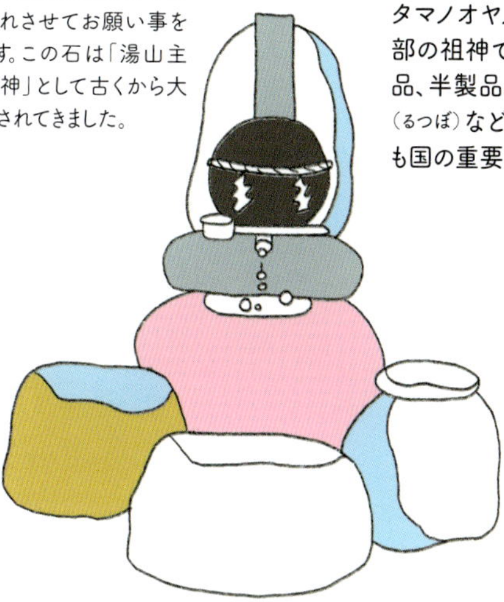

叶い石 石とお守り袋と願い札が1セットで社務所で購入できます。石の種類はいろいろあります。

お願いの仕方

❶願い石の下から流れる水で叶い石を清める。
❷願い石に叶い石を触れさせお願いをする。
❸願い札にお願い事を書いて1枚を拝殿正面の納入箱に納め、複写されたもう1枚は石と一緒にお守り袋へ入れる。
❹願いが叶ったら石をお返しする。

オモイカネの解説！

ここの祭神のオオナモチノカミとはオオクニヌシの別名。オオクニヌシは実にたくさんの名前を持っていて、次のページの那売佐神社の祭神のアシハラノシコオノミコトというのもオオクニヌシのことなんだ。

ハミダシたいちゃん　温泉街から車で5分くらいのところには「いずもまがたまの里 伝承館」があり、ここでは勾玉を作ったり、パワーストーンでオリジナルのブレスレッドを作ったりできます。

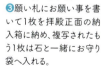

湯姫大明神社 境内摂社で御利益は、容姿端麗・安産助産・育児・諸病平癒・家庭円満！

オオクニヌシノカミとスセリヒメノミコトの愛を育んだ場所

那売佐神社

なめさじんじゃ

島根県出雲市東神西町720

縁結び
縁結び
オオクニヌシ
スセリヒメ

御祭神 芦原醜男命《あしはらしこおのみこと》、須勢理姫命《すせりひめのみこと》

スセリヒメノミコトが生まれ育った場所で、近くの川にある岩坪の水が産湯に使われたという伝説が残ってます。オオクニヌシノカミがスセリヒメノミコトに会うためにこの地を何度も訪れました。山の中にぽっかりとあいた空間に社殿はあり、心落ち着きます。

石段 高倉山に鎮座する社殿までは230段の石段を登ります。山頂には神西城(じんざいじょう)跡があり、境内から5分ほどで行くことができます。

お義父さんから試練を受けた時は助けてくれてありがとね。
どういたしまして。
オオクニヌシ
スセリヒメ

岩坪 神社近くの谷川にある川底の盤石。オオクニヌシノカミがこの岩の上の水の流れを見て「滑(なめ)し磐岩(いわ)なるかも」と言ったのでこの地方を「滑狭郷(なめさのさと)」というようになりました。

四コマ古事記

那売佐神社編

オオクニヌシの試練

→P25「オオクニヌシ」エピソード2

1

2

3

4

❶ 兄の嫉妬を買い2度殺されたオオクニヌシは、母サシクニワカヒメのすすめでスサノオのいる根の国へ行き、スサノオの娘スセリヒメと恋に落ちる。
❷ スサノオは様々な試練をオオクニヌシに課しますが、その都度スセリヒメに助けられます。
❸ スサノオが眠っているすきに髪の毛を柱に縛りつけ、刀と弓を奪ってスセリヒメを背負って逃げるオオクニヌシ。
❹ 黄泉比良坂の坂上から逃げる二人を見て、盗んだ刀と弓で兄弟たちを追い払い、出雲の国を治めるようスサノオは叫びました。オオクニヌシは国に帰ると言われた通り兄弟たちを追い払い、国づくりを始めました。

美人の湯でまったり

御井神社

みいじんじゃ

島根県出雲市斐川町直江2518

御祭神　木俣神《このまたのかみ》

因幡の白ウサギの物語に登場する、オオクニヌシノカミと結ばれたヤガミヒメノミコトゆかりの神社。御祭神はこの地で生まれた木俣神（別名・御井神）。近くにあるヤガミヒメノミコトがつかり美人度を増したという湯の川温泉は日本三大美人の湯のひとつです。

三井 神社の近くにはヤガミヒメノミコトが出産の時に産湯を使ったという「生井（いくい）」、「福井（さくい）」、「綱長井（つながい）」と呼ばれる3つの井戸があります。安産と子育て、母子の幸せ、母子の寿命を守り司るとされています。

ヤガミヒメ
湯の川温泉には
私を祀ってくれている
八上姫神社がありますよ。
安産祈願にどうぞ。

湯の川温泉は
ヤガミヒメが旅の疲れを
癒し身をきれいにした温泉。
いい湯だな〜。

ヤガミヒメと木俣神像 因幡の国からオオクニヌシノカミを追って訪れたヤガミヒメノミコトは正妻スセリヒメノミコトを恐れ、生まれたばかりの子をこの地にあった木の俣に残して因幡に帰りました。

ハミダシたいちゃん 近くにある「道の駅　湯の川」は出雲の名産品などお土産が充実。足湯もできますよ。

三角関係の結末

→P25「オオクニヌシ」エピソード3

❶ 因幡に到着し求婚するオオクニヌシの兄神たち。
❷ 嫉妬に狂った兄神たちはオオクニヌシを殺害。母の助けで復活し、根の国で刀と弓をスサノオからもらったオオクニヌシは兄神たちを追い払う。
❸ 結ばれるオオクニヌシとヤガミヒメ。
❹ 出雲へ向かうも正妻スセリヒメの嫉妬を恐れ、オオクニヌシとの間に生まれた子供を木の俣に挟んで帰ってしまうヤガミヒメ。このため御子の名前を木俣神（別名・御井神）といいます。

境内におそば屋さん

稲田神社

いなたじんじゃ

島根県仁多郡奥出雲町稲原2128-1

クシナダヒメ

御祭神 櫛名田比売命《くしなだひめのみこと》

スサノオノミコトの妻クシナダヒメノミコトの生まれた地域に建つ神社です。周辺にはゆかりの場所も残っており、クシナダヒメノミコトを身近に感じることができます。境内にはおそば屋さんもあり、ゆっくりくつろぐことができます。

クシナダヒメ像 境内に置かれた石像です。クシナダヒメノミコトは絶世の美女ということになってるんですが、この像はちょっと……。

拝殿 重厚感のある木造の建物。拝殿、本殿、社務所とも、昭和の初期に地元ゆかりの石炭王が私財を投じて寄進したものです。

笹の宮 クシナダヒメノミコトのへその緒を切った竹へらを地面に刺したら生えてきたと伝わっています。地元の人はこの笹の葉を腹帯に入れて安産祈願するそうです。

産湯の池 この池の水がクシナダヒメノミコトが生まれた時の産湯に使われました。ここが稲田神社の元宮で、どことなく神秘的な場所でした。

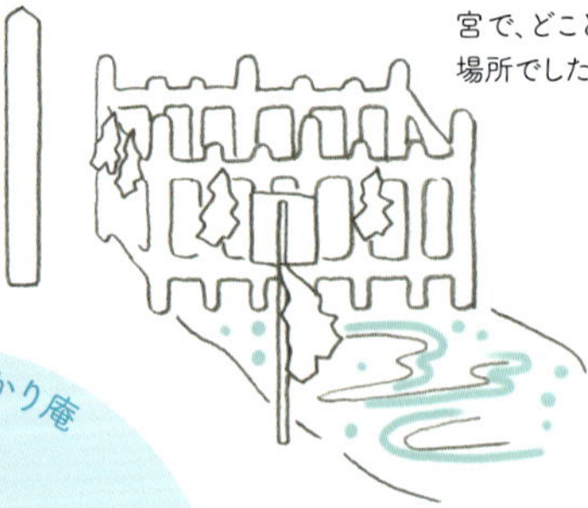

これもチェック！

姫のそば・ゆかり庵

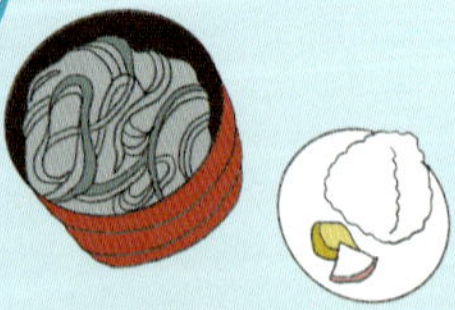

境内にあるおそば屋さんです。奥出雲産そば粉100％の自家製そばがいただけます。地元の仁多米を塩だけで握った塩むすびは最高に美味しかったです。

縁結御守 神紋の「姫」の字が入ったかわいい縁結びお守り。中には櫛が入っています。

神様大集合！

温泉神社

おんせんじんじゃ

島根県雲南市木次町湯村1060番地

アヂシキタカヒコネ　アシナヅチ　テナヅチ

御祭神　味耜高彦根命《あじすきたかひこねのみこと》、足名椎命《あしなづちのみこと》、手名椎命《てなづちのみこと》、ほか10柱

奥出雲の秘湯で「スサノオの隠し湯」ともいわれる湯村温泉の近くにあります。地域の神社がまとめられたため、御祭神が13柱もいらっしゃいます。

テナヅチ　アシナヅチ

二神岩（ふたごいわ）アシナヅチノミコトとテナヅチノミコトの霊が宿っていると伝わる石で、「神陵（しんりょう）」（お墓のこと）とよばれています。

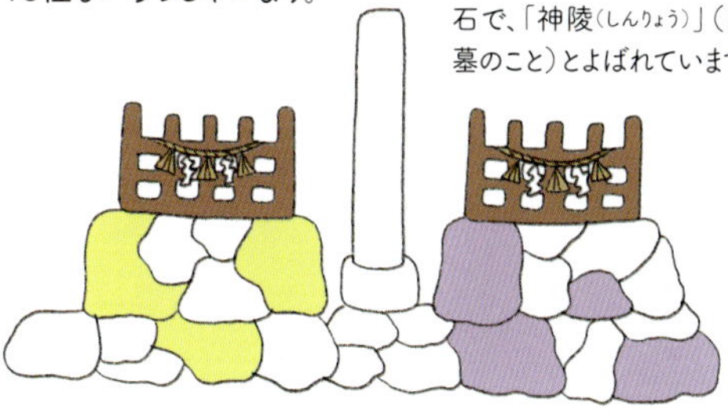

お酒を造った山が御神体

布須神社

ふすじんじゃ

島根県島根県雲南市木次町宇谷

スサノオ

御祭神　須佐之男命《すさのおのみこと》、稲田姫命《いなたひめのみこと》

スサノオノミコトがヤマタノオロチを退治するためにお酒を造った御室山が御神体です。神社の近くにはお酒を造ったといわれる「釜石」があります。

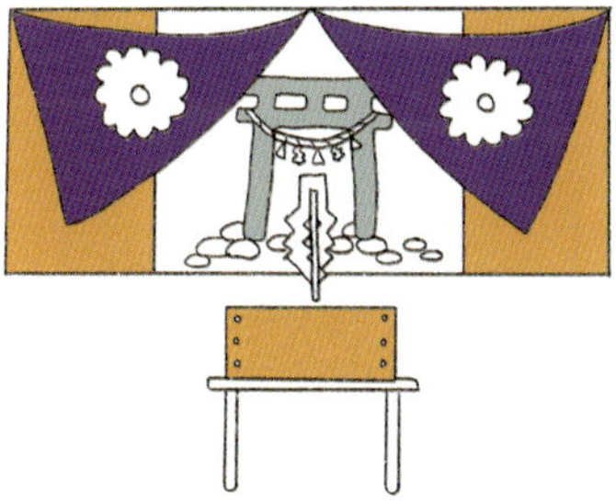

拝殿 拝殿の窓の先には小さな鳥居があり、その先は山肌。まさに山を拝むという感じ。

八塩折（やしおり）の酒

ヤマタノオロチを酔わせるためにスサノオノミコトが造らせたお酒。何度も仕込みを繰り返すため手間がかかります。

ハミダシたいちゃん　イラストのお酒は取材で訪れた際にいただいた室山農園さんの「八しおりのむろ山」。白濁してこってりしたお酒でした（現在は製造していません）。

スサノオノミコトが
残した木が今も伝わる

佐世神社

させじんじゃ

島根県雲南市大東町下佐世1202

縁結び

スサノオ

御祭神 須佐之男命《すさのおのみこと》、奇稲田姫命《くしいなだひめのみこと》

ヤマタノオロチを退治したスサノオノミコトが勝利の舞を舞った場所です。その時に髪に挿していた佐世の葉が落ちたから「佐世」という名がつきました。

佐世の森 境内は鬱蒼とした木々に覆われ、その中にスサノオノミコトが落とした枝が成長したと伝わるシイの古木があります。現在は5代目だそうです。

クシナダヒメ
ナイスファイト！
クシナダヒメを櫛に変身させて戦ったぞ！
スサノオ

ヤマタノオロチ退治の酒壺を祀る

八口神社

やぐちじんじゃ

島根県雲南市木次町西日登1524番地1

縁結び

スサノオ

御祭神 須佐之男命《すさのおのみこと》、櫛名田比売命《くしなだひめのみこと》

小高い丘の上の狭い敷地にあり、ヤマタノオロチを退治するために用意した酒を入れた酒壺が祀られています。

八口神社はもうひとつあるので、酒壺を見たい人はこっちに来てね。あっちはスサノオがオイラに矢を放った場所にある神社だよ。

印瀬の壺神 柵で囲まれた地面には大きな石が数個置かれ、その下にヤマタノオロチ退治に使った壺が埋められているそうです。

ハミダシたいちゃん 八口神社の周囲にはクマが出るみたいで「熊注意！」の看板がありました。こわ！

神話を現代に伝える

ヤマタノオロチ伝説地

島根県雲南市

雲南市にはヤマタノオロチゆかりの場所が今でもたくさんあります。自然豊かな雲南地方は昔のままの姿が残されていて、ヤマタノオロチの息遣いまで感じられそうです。のんびり車で回ると気持ちのいいドライブが楽しめますよ。

八本杉 ヤマタノオロチを退治したスサノオノミコトが、八つの頭を埋め、その上に杉を植えた場所です。現在の杉は明治以降に植えたものです。（雲南市木次町里方）

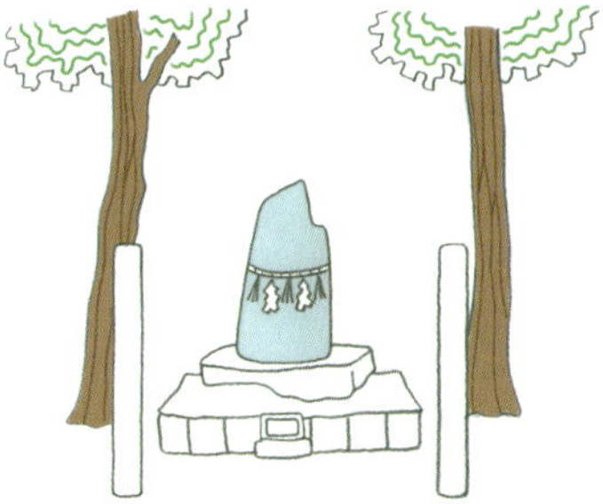

尾留大明神（おどめだいみょうじん）旧社地 スサノオノミコトがヤマタノオロチの尻尾から草薙剣を取り出した場所です。かつてはここにスサノオノミコトとクシナダヒメノミコトを祀る尾留大明神がありましたが、現在はここから500メートル離れた場所で御代（みしろ）神社と改称されて祀られています。（雲南市加茂町三代）

天が淵 斐伊川の上流でヤマタノオロチが住んでいたという場所。「蛇帯」と呼ばれる青と赤の筋になっている石があり、ヤマタノオロチの足跡と伝えられています。（雲南市木次町湯村）

草枕 酒を飲んで酔っ払ったヤマタノオロチが枕にして寝た山です。（雲南市加茂町神原）

釜石 布須神社の建つ御室山麓にあります。ヤマタノオロチを酔わせるための「八塩折の酒」を作った時に使われた釜の跡です。（雲南市木次町寺領）

神様たちのパーティ会場

万九千神社

まんくせんじんじゃ

出雲市斐川町併川258

オオクニヌシ　スクナビコナ

御祭神 櫛御気奴命《くしみけぬのみこと》、大穴牟遅命《おおなむちのみこと》、少彦名命《すくなひこなのみこと》、八百萬神《やおよろずのかみ》

出雲で行われる神在祭の際、全国から集まった神様たちが最後に立ち寄って直会（なおらい）をされる場所です。境内にはもうひとつ神社があり、鳥居から正面にあるのが立虫（たちむし）神社、右側にあるのが万九千神社です。

神殿 建物の中に鳥居が入っていて、本殿はなくて建物の背後の磐境（いわさか）を御神体としています。御祭神のクシミケヌノミコトとは霊妙な食物の守り神です。

磐境 神殿の背後に玉垣で囲まれた中に高さ3メートルの岩が屹立しています。境内には二つの神社を囲むように様々な摂社が並んでいます。

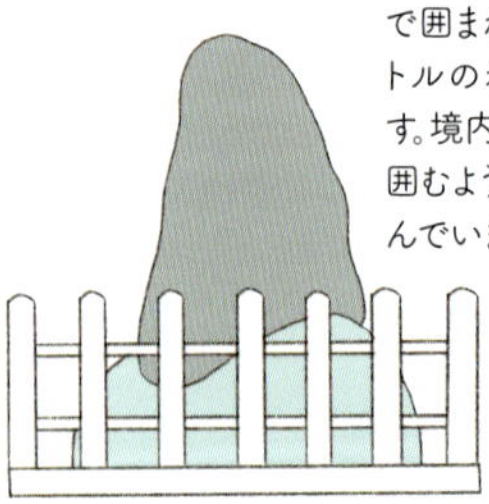

オモイカネの解説！

「直会」とはお祭りの最後にみんなで神様に供えていたお酒や食べ物をいただくこと。ようは打ち上げみたいなものだな。「磐境」とは神様が宿られる依代（よりしろ）のこと。

ハミダシたいちゃん

近くには民芸運動の柳宗悦や陶芸家の河井寛次郎などの教えや影響を受けた器が並ぶ「出西窯（しゅっさいがま）」があります。

スクナビコナノカミが旅だった場所

粟島神社

あわしまじんじゃ

鳥取県米子市彦名町1404番地

病気
平癒

スクナビコナ

縁
結び

オオクニヌシ

御祭神 少彦名命《すくなひこなのみこと》、大己貴命《おおなむちのみこと》（大国主命）

オオクニヌシノカミと一緒に国つくりをしていたスクナビコナノカミが仕事半ばで旅立ってしまった場所です。ここは出雲ではなく伯耆（ほうき）の国（鳥取）なので『伯耆国風土記』にスクナビコナノカミが自分が種をまいた粟にのぼり、はじかれて常世の国へ行ったと書かれています。

社殿 元禄3年（1690）の建立で島の頂上にあります。ここは標高38メートルの小高い丘ですが昔から「神の宿る山」として信仰され、麓の社殿から拝んでいました。島から見る夕日や月も絶景です。

スクナビコナ
この島には
人魚伝説のある
「静の岩屋」という
洞窟もあるよ。

石段 明治21年にできたもので全部で187段もあります。階段の先には随神門があり中には門の守護神であるアメノイワトワケノカミがいます。

アメノイワトワケ
悪霊を防ぎます!

御岩宮祠（おいわきゅうし） 本殿のある頂上から石段と反対側の道を降りたところにある神様の依代です。ここはスクナビコナノカミが最初に上陸した場所ともいわれています。

オモイカネの解説!

スクナビコナはおとぎ話の「一寸法師」のモデルになったといわれている。ほかにも古事記の登場人物がおとぎ話のモデルになった例は、山幸彦のヒコホホデミが「浦島太郎」、第7代孝霊天皇の皇子のキビツヒコが「桃太郎」といった具合に、いくつかあるんだ。

四コマ古事記

粟島神社編

相棒スクナビコナ

→P25「オオクニヌシ」エピソード4

❶ オオクニヌシが美保の岬にいた時、ががいもの実を船にして沖の方から小さな神が流れてきました。名前を聞いても答えず、誰もこの神のことを知りませんでした。

❷ そこで物知りのクエビコを訪ね聞いてみました。

❸ オオクニヌシがカミムスビに会いに行くと、兄弟としてスクナビコナと一緒に国つくりに励むよう命じられます。

❹ しかし国つくりが未完のままスクナビコナは海の彼方の常世の国に行ってしまいました。

絵になるスポット

出雲編

宍道湖

夕日の名所・島根県立美術館の庭園には12羽のウサギのブロンズ像があって、前から2羽目のウサギをなでると幸せになれるって。

稲佐の浜

国譲りを迫った浜。出雲大社の素鵞社を参拝する時はこの浜の砂を持っていくと、素鵞社のありがたい砂を持ち帰ることができるぞ。

須我神社

八雲山山中にある奥宮の夫婦岩。ワシと妻のクシナダヒメと息子が祀られておる。あまりの大きさにびっくりするぞ。ぜひ来てくれよ。

九ころころ州

アマテラスオオミカミの命を受けた三女神の神社

宗像大社

むなかたたいしゃ

福岡県宗像市田島2331

交通安全
宗像三女神

御祭神　田心姫神《たごりひめのかみ》、湍津姫神《たぎつひめのかみ》、市杵島姫神《いちきしまひめのかみ》

アマテラスオオミカミとスサノオノミコトの誓約（うけい）で誕生した3柱の女神が祀られています。タゴリヒメノカミの沖津宮（おきつぐう）、タギツヒメノカミの中津宮（なかつぐう）、イチキシマヒメノカミの辺津宮（へつぐう）の3社の総称が宗像大社です。

天孫を助け奉り
天孫に
祭（いつ）かれよ
アマテラス
ハイッ！
宗像三女神

高宮（辺津宮） 宗像三女神の降臨地と伝えられています。古代の祈りの原形を今に伝える数少ない古代祭場です。社殿はなく神籬だけの空間ですがとても厳かでいつまでも佇んでいたくなります。

神勅（しんちょく） 拝殿に掲げられた額にはアマテラスオオミカミから三女神への神勅（神からの命令）が書かれています。「筑紫の国に降り、沖津宮・中津宮・辺津宮に鎮まりなさい。そして歴代天皇のまつりごとを助け、丁重な祭祀を受けられよ」と示されました。

本殿・拝殿（辺津宮） どちらも安土桃山時代に再建されたもので国の重要文化財になっています。辺津宮にはタゴリヒメノカミとタギツヒメノカミの御分霊を祀る第二宮（ていにぐう）と第三宮（ていさんぐう）があり、その社殿は伊勢神宮の別宮の古殿を移築したものです。

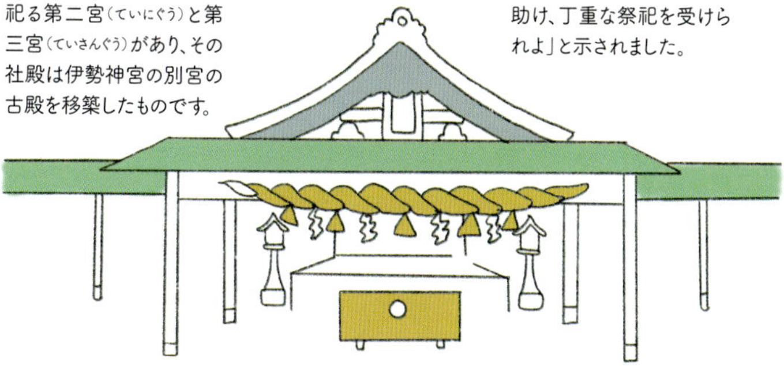

金銅製龍頭（国宝）

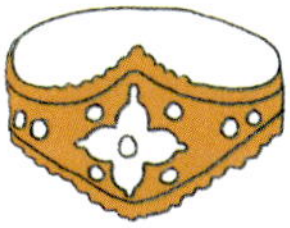

金製指輪（国宝）

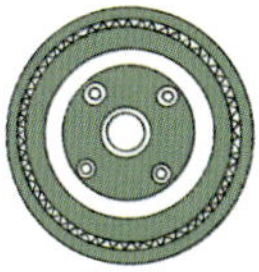

三角縁神獣鏡（国宝）

神宝館（しんぽうかん） 沖ノ島で見つかった宝物を所蔵、展示しています。神宝以外にも重要文化財となっている平安～戦国時代までの中世文書約300点と江戸時代の近世文書約3000点からなる宗像大社文書も見られます。

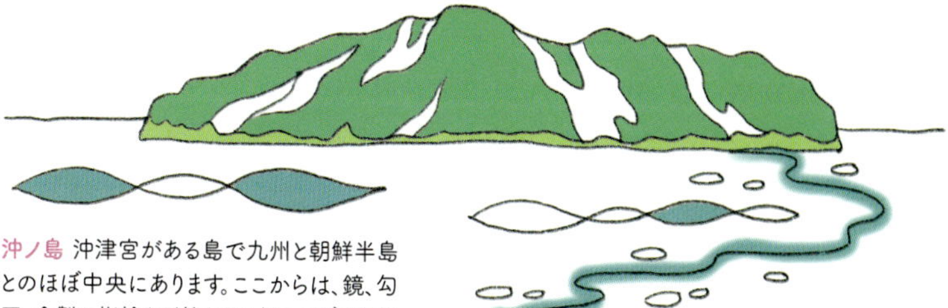

沖ノ島 沖津宮がある島で九州と朝鮮半島とのほぼ中央にあります。ここからは、鏡、勾玉、金製の指輪など約10万点にのぼる貴重な宝物が見つかり、そのうち8万点が国宝に指定されています。そのため「海の正倉院」といわれています。

ハミダシたいちゃん 宗像の目の前の海の玄界灘はイカが有名。宗像大社のまわりにも美味しいイカを食べさせてくれるお店がたくさんありますよ。

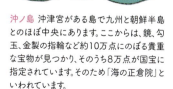

スサノオの誓約《うけい》

→P23「天岩戸」エピソード1

❶

❷

❸

❹

❶ 父イザナギに追放され、姉アマテラスに別れの挨拶のため高天原を訪ねたスサノオ。アマテラスはスサノオが国を奪いに来たと思い武装して迎える。
❸ アマテラスがスサノオの剣を砕いて口に含んでよく噛んで吹き出すと3人の女の子が、スサノオがアマテラスの勾玉を口に含んでよく噛んで吹き出すと5人の男の子か誕生。この時にスサノオの刀から生まれた3人の女の子が宗像三女神です。
❹ 誓約に勝ったスサノオは調子にのって高天原で大暴れ。あまりの乱暴狼藉ぶりに恐ろしくなったアマテラスは天岩戸に隠れてしまいました。

アマテラスオオミカミの天岩戸隠れの舞台

天岩戸神社

あまのいわとじんじゃ

宮崎県西臼杵郡高千穂町岩戸1073番地1

神恩感謝
アマテラス

御祭神 大日孁尊《おおひるめのみこと》／西本宮、天照皇大神《あまてらすすめおおみかみ》／東本宮

スサノオノミコトの乱暴狼藉のためにアマテラスオオミカミが身を隠した天岩戸のある神社です。西本宮と東本宮の2社からなり、御祭神はどちらもアマテラスオオミカミです。西本宮では神職さんが本殿裏にある天岩戸の遥拝所まで案内して説明をしてくださいます。

神々たちが集まって
相談したのはここ！
アメノウズメ

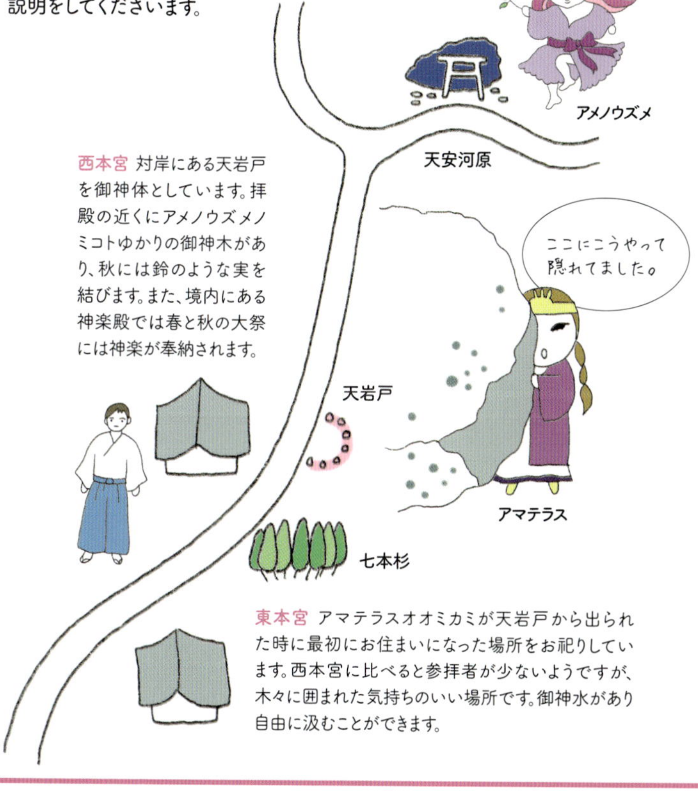
天安河原
ここにこうやって
隠れてました。
天岩戸
アマテラス
七本杉

西本宮 対岸にある天岩戸を御神体としています。拝殿の近くにアメノウズメノミコトゆかりの御神木があり、秋には鈴のような実を結びます。また、境内にある神楽殿では春と秋の大祭には神楽が奉納されます。

東本宮 アマテラスオオミカミが天岩戸から出られた時に最初にお住まいになった場所をお祀りしています。西本宮に比べると参拝者が少ないようですが、木々に囲まれた気持ちのいい場所です。御神水があり自由に汲むことができます。

天安河原 アマテラスオオミカミが天岩戸隠れした時に神々たちが集まり相談した場所。洞窟の中に天安河原宮があり、ここではオモイカネノカミと八百万の神が祀られています。

七本杉 東本宮の本殿の奥にある杉。根が七本繋がっています。樹齢600年だそうです。御神水の場所から遊歩道が出ています。

彫り物（えりもの） 神楽殿の中の四方に竹をたて、しめ縄とこの彫り物を竹の上部に結んで正方形を作り、その下で神楽が舞われます。半紙でできた飾りで、陰陽五行の思想が取り入れられています。

オモイカネの解説！

『古事記』の構成についてあらためて説明しておこう。『古事記』は上・中・下の3巻からなっていて、神々のことが書かれているのは上巻。中巻は神武天皇から15代応神天皇まで、下巻は16代仁徳天皇から33代推古天皇までとなっている。『古事記』というと神様の話ばかりと思うかもしれないが、神武天皇から始まる天皇の物語も興味深いものがあるぞ。

アマテラスの岩戸隠れ

→P23「天岩戸」エピソード2

四コマ古事記

天岩戸神社編

❶ アマテラスが天岩戸に隠れてしまったために世界は暗闇に。八百万の神々は天安河原に集まって会議を開き、タカミムスビの子で知恵者のオモイカネが集まった神々に計画を伝えました。

❷ アメノウズメが踊り、大盛り上がりの神々。不思議に思い、そっと岩戸を開けるアマテラス。

❸ アマテラスが顔をのぞかせたすきに目の前に鏡を差し出すアメノコヤネとフトダマ。鏡に写った自分を見て驚き、身を乗り出すアマテラス。

❹ 急いでアマテラスの手を取り、引き出すアメノタヂカラオ。そのすきに岩戸に注連縄を張るフトダマ。こうして世界は明るさを取り戻しました。

毎日行われる高千穂神楽は大盛り上がり

高千穂神社

たかちほじんじゃ

宮崎県西臼杵郡高千穂町大字三田井1037

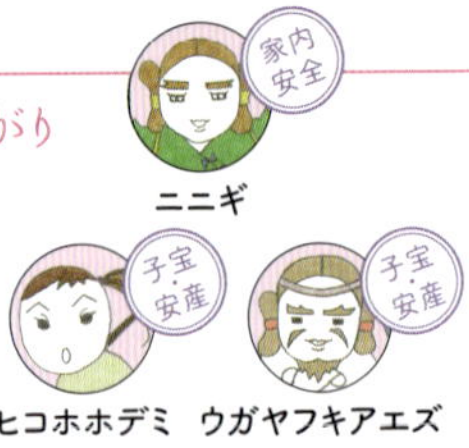

家内安全
ニニギ
子宝・安産
ヒコホホデミ
子宝・安産
ウガヤフキアエズ

御祭神 高千穂皇神《たかちほすめがみ》、十社大明神《じっしゃだいみょうじん》

高千穂皇神（たかちほすめがみ）6柱と十社大明神（じっしゃだいみょうじん）10柱の高千穂ゆかりの合計16柱ほかの神様を祀っています。安永7年（1778）に再建された五間社流造の本殿は国の重要文化財になっています。

高千穂神楽 神楽殿では毎日20時から1時間、全33番のうち代表的な4番を公開しています。最後の「御神体の舞」では演者が客席に降りてきてお客さんとたわむれて、すごく盛りあがりますよ。

ワシも天岩戸を
持ち上げたり
大活躍するんで
見に来てね。
アメノタヂカラオ

夫婦杉 二本の杉が根元でつながっているためこう名付けられました。夫婦円満や子孫繁栄、結縁に御利益があり、手をつないで杉の周りを3回時計回りにまわると願いが叶うといわれています。

僕は神武の兄ちゃんね。
記紀では常世（とこよ）の国
（海の向こうの異世界、もしくは死者の国）へ
行ったってことになってるけど、
実は戻ってきて高千穂を治めていたんだよね。
高千穂神社の本殿の回廊に僕の勇姿が
描かれた彫刻があるんだ。見てね。
ミケヌ

オモイカネの解説！

高千穂皇神の6柱とは日向三代の夫婦神、すなわちニニギとコノハナノサクヤヒメ、その子のヒコホホデミとトヨタマヒメ、その子のウガヤフキアエズとタマヨリヒメのこと。十社大明神はミケヌ夫婦と8柱の子の10柱となっているんだよ。

鬼八（きはち）の力石 このあたり一帯を荒らしていた荒ぶる神・鬼八がミケヌノミコトに力自慢をした際に投げたと伝わる巨石が高千穂峡にあります。鬼八は戦いに破れ、首・胴・手足の三つに切り裂かれて三つの塚に埋葬されました。

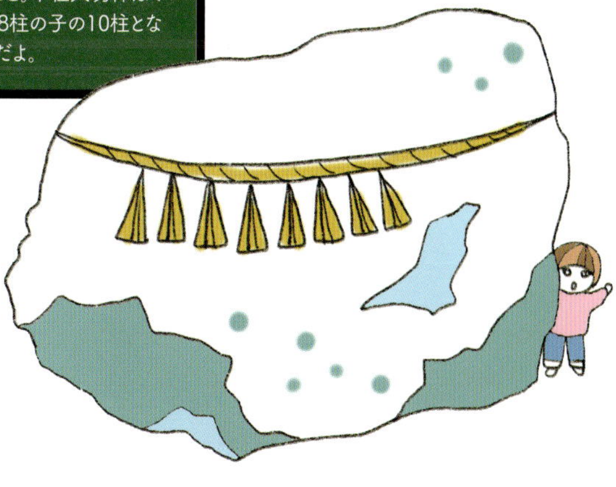

ハミダシたいちゃん 近くには有名な高千穂峡があり、日本の滝100選の真名井の滝が見られます。

ニニギノミコトの天孫降臨の地

槵觸神社《くしふるじんじゃ》

宮崎県西臼杵郡高千穂町三田井713

御祭神 天津日子番邇々芸命《あまつひこほのににぎのみこと》

ニニギノミコトが高天原から天下ってきた場所といわれています。もともと神社の建つ槵觸山を御神体として祀っていましたが後にニニギノミコトが主祭神となりました。周辺には高天原遥拝所や神武兄弟降誕地などがあります。

本殿 長い階段の先に拝殿と本殿が静かに佇んでいます。山の中腹にあり周囲は木々に囲まれて荘厳な雰囲気です。

天真名井 天孫降臨に際して当地に水がなかったため、アメノムラクモノミコトが高天原に戻って天真名井から汲んできた水を移したもの。神水として大切にされています。

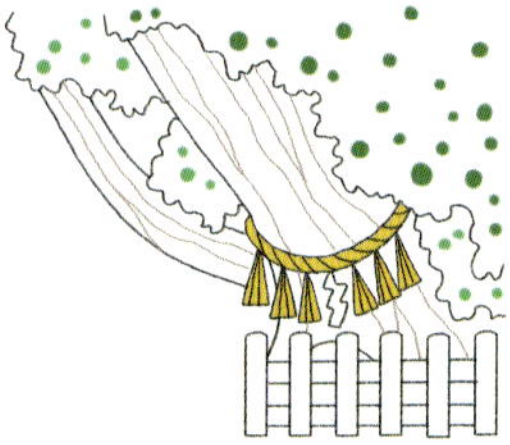

オモイカネの解説！

ニニギが天孫降臨した場所は「高千穂」なんだが、高千穂はじつはここ宮崎の高千穂と鹿児島県境の霧島の高千穂と2つあって、昔からどっちが天孫降臨の場所なのか議論が絶えなかったんだ。そして今でも結論は出ないまま。どう思う？

コノハナノサクヤヒメとの出会い

→P27「天孫降臨」エピソード2

1 2 3 4

❶ ニニギは雲を押し分け、道を押し開き、天の浮橋の傍らにある浮洲に立って下界を眺め、筑紫の日向の高千穂の「久士布流多気(くしふるたけ)」に天下りました。

❷ 歩みを進め、笠沙の岬までたどり着きました。そしてこの地に宮殿を建てました。

❸ ここでニニギは一人の美女を見つけました。

❹ コノハナノサクヤヒメの返事を聞いて、ニニギはオオヤマヅミに使いを出しました。

初代天皇の遺徳を称える

宮崎神宮

みやざきじんぐう

宮崎県宮崎市神宮2丁目4-1

開運

神武天皇

御祭神 神日本磐余彦天皇《かむやまといわれひこのすめらみこと》（神武天皇《じんむてんのう》）

初代天皇の神武天皇を祀る神社です。神武天皇の孫のタケイワタツノミコト（阿蘇神社の御祭神）が九州に派遣されてきた時に祖父の遺徳を称えるために創祀したといわれています。神武東征以前の神武天皇の御所の跡と伝わっています。

本殿 地元の狭野杉で造営された流れ造りの清楚な社殿。建築したのは橿原神宮や平安神宮、靖国神社遊就館や湯島聖堂などを設計した伊藤忠太です。

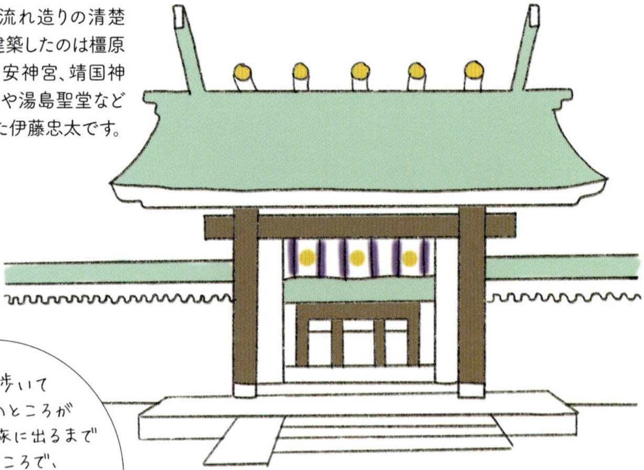

ここから歩いて
15分くらいのところが
ワシが東征の旅に出るまで
住んでたところで、
そこには皇宮神社／
皇宮屋（こぐや）がある。
ここは宮崎神宮の
元宮なんじゃ。

神武天皇

オオシラフジ 東神苑にある中国原産の藤で日本最大です。樹齢は400年以上といわれています。昭和井26年に国指定天然記念物に指定されました。

ハミダシたいちゃん 宮崎といえばタルタルソースたっぷりの「チキン南蛮」。さすが発祥の地だけあって、名店が宮崎市内にはいくつもあります。本場の味を食べてみてね。

神武東征

→番外編『古事記』中巻「神武東征」エピソード1

① ② ③ ④

① 日向の国の高千穂宮にいた神武天皇は天下を安らかに治めるために、兄イツセと相談して東へと旅立つ（神武東征）ことにしました。
② しかし大阪方面から大和入りしようとした時に地元の豪族ナガスネヒコと戦いになり、兄イツセは命を落とします。
③ 神武天皇は紀伊半島を迂回して熊野から大和を目指します。途中、苦労している神武天皇のところヘタカクラジがタケミカヅチの神剣フツノミタマを持って駆けつけました。
④ その後、タカギノカミ（タカミムスビ）が神武天皇の夢に現れてヤタガラス（アヂシキタカヒコネ）を遣わしてくれ、その先導でいくつかの戦を経て、無事に大和に入り柏原に宮殿を建て、天下を治めました。

海幸山幸の物語の舞台

青島神社

あおしまじんじゃ

宮崎県宮崎市青島2丁目13番1号

子宝・安産
ヒコホホデミ
子宝・安産
トヨタマヒメ
延命長寿
シオツチ

御祭神 彦火火出見命《ひこほほでみのみこと》、豊玉姫命《とよたまひめのみこと》、塩筒大神《しおつつのおおかみ》

ヒコホホデミノミコト（山幸彦）がワタツミノカミの宮から戻ってきて住居とされていた場所に建つ神社です。御祭神はヒコホホデミノミコトと妻トヨタマヒメノミコト、そしてヒコホホデミノミコトをワタツミノカミの宮へと導いたシオツチノカミです。縁結・安産・航海・交通安全に御利益あり。

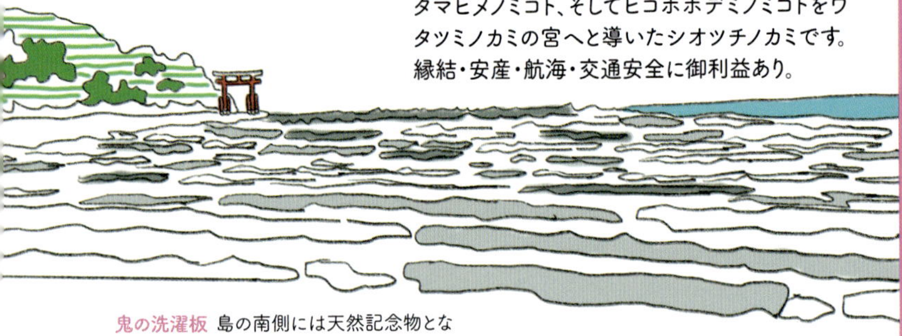

鬼の洗濯板 島の南側には天然記念物となっている波状の岩が並び不思議な風景を作り出しています。満潮の時は岩が隠れてしまうので干潮の時の参拝がオススメです。

みんな仲良し！
ここの摂社の
石(いそ)神社には
僕ら3人が仲良く
祀られてるんだよね～。
ね～～
イワナガヒメ
ニニギ
コノハナノサクヤヒメ

僕はシオツチが用意してくれた
籠で編んだ小舟で
海神の国へ行って3年もいて、
帰る時に珠をプレゼントされたんだけど、
これって何かに似てるでしょ。
そう、浦島太郎。
僕の話が浦島太郎の話のもとに
なったともいわれてるんだよ。
ヒコホホデミ

祈りの古道 元宮へ続く絵馬のトンネルです。元宮があった場所からは弥生式土器や獣骨などが出土し、古い時代から小祠もあり、祭祀が行われていたものと思われます。

オモイカネの解説！

神様は馬に乗って現れると考えられていて、神事の際には馬を奉納する風習があった。馬を奉納できない人は土や紙や木で作った馬で代用するようになり、奈良時代から板に馬を描いたものが見られるようになったんだ。それが絵馬の始まりだよ。

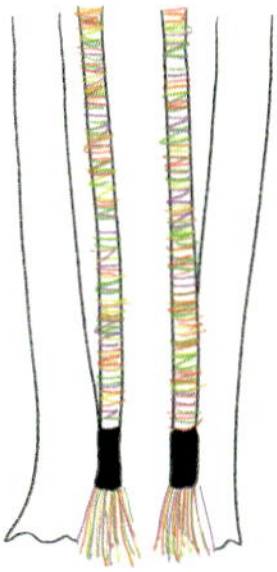

産霊紙縒（むすびこより） 元宮の横にある夫婦ビロウの木にそれぞれの願いに合った色の紙縒を結びつけるというもの。

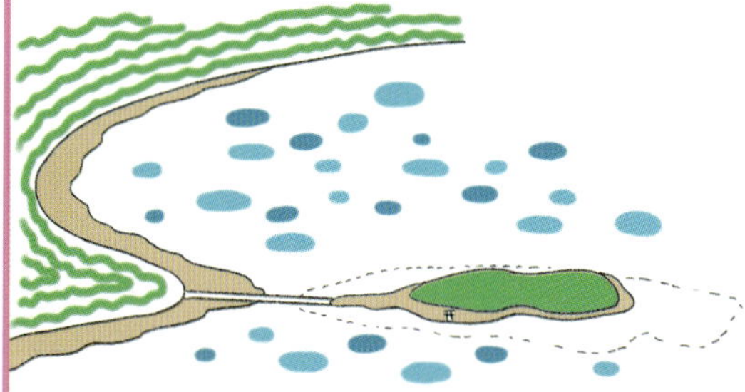

神の島 青島神社がある青島は周囲1.5キロの小さな島です。その全域は神社の敷地となっています。島内は亜熱帯植物が繁茂し、参道が砂浜ということもあり、ほかの神社とは趣が異なります。

四コマ古事記
青島神社編

兄弟ゲンカ

→P29「海幸山幸」エピソード1

1 兄ホデリは海の獲物を追う海幸彦、弟ホオリ（ヒコホホデミ）は山の獲物を追う山幸彦として、それぞれ海と山に分かれて仕事をしていました。そんなある日のこと……。

2 しかしホオリは釣り針をなくしてしまいます。困って泣いているホオリにシオツチが海の神ワタツミの宮殿へ行くようアドバイス。そこでワタツミの娘トヨタマヒメと出会い、恋に落ちて結婚。この地で3年をすごしました。

3 ホオリの心配事を聞いたワタツミは、ホオリがなくした釣り針を探し出し、国に帰るホオリに兄を懲らしめるための呪文と珠を授けました。

4 国に帰ったホオリはワタツミの言うとおりに行動し、兄をこらしめました。

子を思う母の思いが感じられる

鵜戸神宮《うどじんぐう》

宮崎県日南市大字宮浦3232番地

子宝・安産

ウガヤフキアエズ

御祭神 日子波瀲武鸕鷀草葺不合尊《ひこなぎさたけうがやふきあえずのみこと》

海沿いの洞窟の中に社殿がある珍しい神社です。御祭神はここで生まれたウガヤフキアエズノミコト。母トヨタマヒメノミコトが出産後に海に帰られる際に自分の両乳房をくっつけたと伝えられる「お乳岩」は安産、育児を願う人々の信仰を集めています。

本殿入口 断崖の中腹まで降りていくという珍しい「下り宮」です。左の洞窟の中に本殿が鎮座しています。

洞窟の上の山の頂上には
ワシのお墓である吾平山上陵
(あひらのやまのうえのみささぎ)が
あるんじゃ。

ウガヤフキアエズ

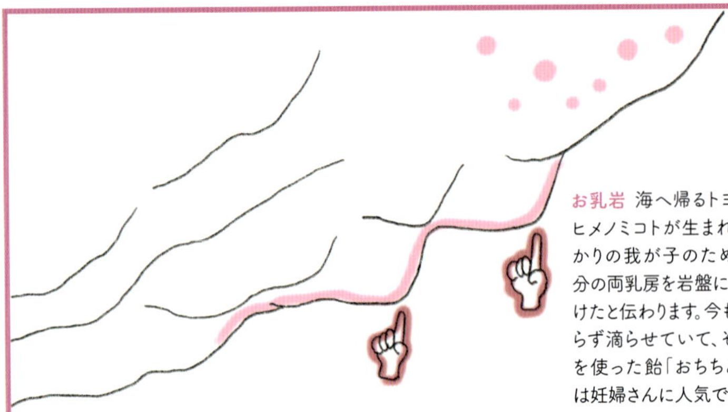

お乳岩 海へ帰るトヨタマヒメノミコトが生まれたばかりの我が子のために自分の両乳房を岩盤にくっつけたと伝わります。今も変わらず滴らせていて、その水を使った飴「おちちあめ」は妊婦さんに人気です。

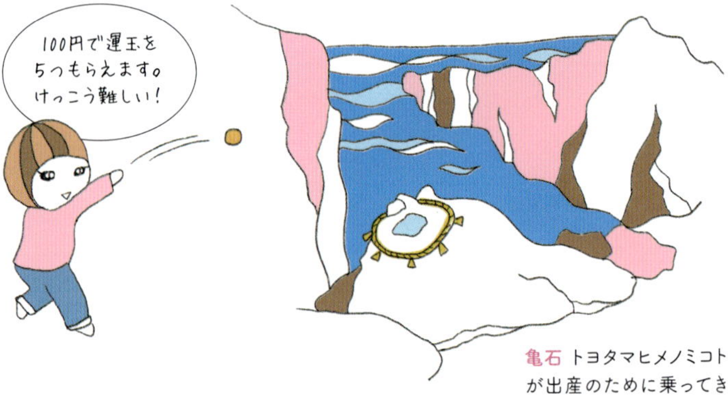
100円で運玉を
5つもらえます。
けっこう難しい！

亀石 トヨタマヒメノミコトが出産のために乗ってきた言われる霊石です。この亀石の背中に窪みがあり、この窪みに男性は左手、女性は右手で「運玉」を投げ入れ、入ると願いが叶うといわれています。

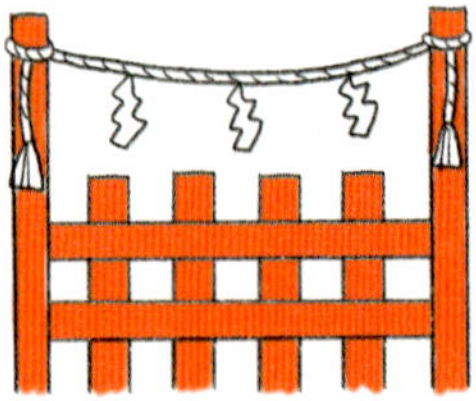

神犬石（いぬいし） 八丁坂の近くにある不思議議な形の岩。風情のある八丁坂の石段の石は長年ふみこまれたためか中央が摩耗してすり減っています。

四コマ古事記 鵜戸神宮編

トヨタマヒメとタマヨリヒメ

→P29「海幸山幸」エピソード2

❶ ワタツミの国からひとりで帰ってきた山幸彦の元に、天神（あまつかみ）の子を産むのに海で産むのはよくないと言ってトヨタマヒメがやってきました。

❷ トヨタマヒメは産屋をつくり始めましたが、完成しないうちに産気づいてしまいました。

❸ 不思議に思ってこっそりのぞいてみると、大きなサメがのたうっていました。驚いた山幸彦は逃げ出してしまいます。

❹ お産中の姿を見られたトヨタマヒメはそのことを恥じ、子供を置いてワタツミの国へ帰ってしまいました。そして息子ウガヤフキアエズの子守役として妹のタマヨリヒメを遣わしました、夫を思う歌とともに。成長したウガヤフキアエズはトヨタマヒメと結婚し、イツセ、イナヒ、ミケヌ、カムヤマトイワレヒコ（神武天皇）の4人の子供を授かりました。

コノハナノサクヤヒメノミコトの愛のパワーが充満

都萬神社

つまじんじゃ

宮崎県西都市大字妻1

子宝・安産

コノハナノサクヤヒメ

御 祭 神　木花開耶姫命《このはなさくやひめのみこと》

天孫降臨してきたニニギノミコトが一目惚れしたコノハナノサクヤヒメノミコトと新婚生活を送った場所です。日本で最初の結婚式が行われた場所で、コノハナノサクヤヒメノミコトの嫁入りを再現した「更衣祭」が毎年7月に行われています。縁結び、安産、子育てに御利益があります。

本殿 桃山様式の豪華な造りです。日本清酒発祥の地だけあって側面には日本酒の樽がいくつも積み上げられていました。

乳神 コノハナノサクヤヒメノミコトは三つ子を出産したのでお乳が足りず、甘酒を代わりにしていたそうです。そのため、例大祭には甘酒が奉納されます。お産で母乳が足りない方はここへお参りし、出るようになったら甘酒を持ってお礼参りするんだとか。

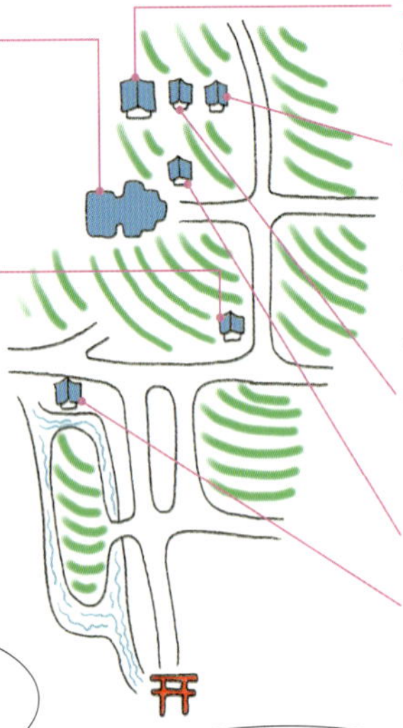

大山祇神社 コノハナノサクヤヒメノミコトの父オオヤマヅミノカミが御祭神。

四所神社 コノハナノサクヤヒメノミコトの姉イワナガヒメノミコトとトヨウケヒメノミコト、アメノコヤネノミコト、フトダマノミコトの4柱が御祭神。

霧島神社 コノハナノサクヤヒメノミコトの夫ニニギノミコトが御祭神。

洞洞木

八坂神社
スサノオノミコトが御祭神。

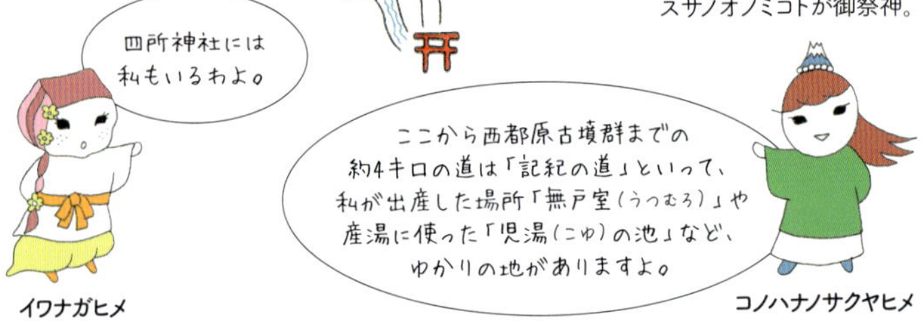
四所神社には
私もいるわよ。
ここから西都原古墳群までの
約4キロの道は「記紀の道」といって、
私が出産した場所「無戸室(うつむろ)」や
産湯に使った「児湯(こゆ)の池」など、
ゆかりの地がありますよ。

イワナガヒメ

コノハナノサクヤヒメ

オモイカネの解説!

『古事記』を世に広めた国学者・本居宣長は「つま」と読むこの地を『魏志倭人伝(ぎしわじんでん)』に記載のある「投馬国(とうまこく・つまこく)」ではないかと言っている。とすると邪馬台国はここから近いことになるんだ。

妻のクス 樹齢約1200年で国の天然記念物になっています。都萬神社の「つま」とはコノハナノサクヤヒメノミコトがニニギノミコトの「妻」だったから。神社周辺の地名にも「妻」が使われています。

洞洞木(どうどうぼく) 台風で倒れてしまった樹齢1000年のクスの木で作ったトンネル。願い事をしながら中をくぐると願いを通してくれるそうです。

日本清酒発祥の地 母乳の代わりに甘酒をつくって飲ませていたということでこう呼ばれています。

男狭穂塚・女狭穂塚(おさほづか・めさほづか) 近くの西都原古墳群にある九州最大規模の古墳でニニギノミコトとコノハナノサクヤヒメノミコトの陵墓と伝わっています。

コノハナノサクヤヒメの出産

→P27「天孫降臨」エピソード3

❸ コノハナノサクヤヒメは出入り口のない御殿をつくり、その中に入って内側から土で塞ぎ、お産が始まると御殿に火をつけました。

❹ こうして火の中で生まれた子が、ホデリ（海幸彦）、ホスセリ、ホオリ（山幸彦＝ヒコホホデミ）の3人の男の子です。

三貴子誕生の地

江田神社

えだじんじゃ

宮崎市阿波岐原町字産母127

イザナギ

イザナミ

御祭神 伊邪那岐尊《いざなぎのみこと》、伊邪那美尊《いざなみのみこと》

死の国へ行ったイザナギノミコトが身の汚れを落とすために禊（みそぎ）をした池の近くにあります。そのため「禊発祥の地」と呼ばれています。今ではこじんまりとしていますが、式内社（しきないしゃ）で古い歴史を持っています。境内にある御神木のクスノキはヒーリングスポットとして人気です。

祝詞ゆかりの地 祝詞の冒頭は「かけまくも畏（かしこ）き伊邪那岐の大神、筑紫の日向の橘の小戸（おど）の阿波岐原（あはぎはら）に禊ぎ祓えたまいしに……」とあり、ここ「阿波岐原」の名前が出てきます。

オモイカネの解説！

「式内社」というのは平安時代の927年に成立した『延喜式』という法典をまとめた本の「神名帳」に記載のある神社のことをいうんだ。つまり式内社とは927年以前からある古くて格式のある神社ということだな。

みそぎ池 阿波岐原森林公園の市民の森の中にあります。イザナギノミコトが禊をした池です。イザナギノミコトの左目からアマテラスオオミカミが、右目からツクヨミノミコトが、鼻からスサノオノミコトが誕生しました。とても神聖で神秘的な池です。

四コマ古事記

江田神社編

イザナギの禊

→P22「黄泉国と三貴子」エピソード2

①

②

③

④

① 命からがら黄泉国から帰ってきたイザナギ。

② イザナギは阿波岐原で禊祓いの儀式を行いました。この時に身に着けていて投げ捨てた杖や帯や衣などから12柱の神様が生まれました。すべてを脱ぎ捨てたイザナギは川に入って体に水を注ぎ、洗い清めました。この時にワタツミや住吉三神などが生まれました。

③ 最後に左の目を洗った時にアマテラス、右目を洗った時にツクヨミ、鼻を洗った時にスサノオが生まれました。

④ イザナギは3人の子（三貴子）に昼の国、夜の国、海原の統治を委ねました。

もうひとつの天孫降臨の地

霧島神宮《きりしまじんぐう》

鹿児島県霧島市霧島田口2608-5

家内
安全
ニニギ

御祭神 天饒石国饒石天津日高彦火瓊瓊杵尊《あめにぎしくににぎしあまつひたかひこほのににぎのみこと》

高千穂峰に天孫降臨してきたニニギノミコトを祀る神社です。もともとはニニギノミコトが降臨された高千穂峰の近くにありましたが、度重なる火山の噴火で焼失し、現在の場所に移りました。旧参道の周りには亀石や風穴など霧島神宮七不思議といわれるものがあります。

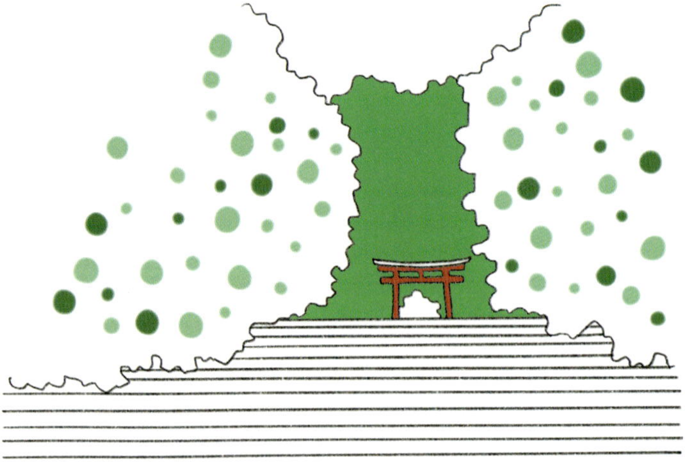

本殿 現在の社殿は約300年前に建立されたものです。本殿・弊殿・拝殿、登廊下、勅使殿などはどれも同時期のもので、それぞれの建物は朱塗りで美しく、彫刻や絵画などで装飾した豪華なつくり。

ここは九州屈指の
紅葉スポットなんだ。
秋の霧島神宮は
素敵だよ。
ニニギ

天逆鉾（あまのさかほこ）ニニギノミコトが降臨した時に刺したと伝わる青銅製の鉾です。高千穂峰の山頂にあります。新婚旅行で訪れた坂本龍馬が引き抜いたというエピソードがあります。オリジナルの逆鉾は噴火で折れてしまい、現在のものはレプリカです。

足湯 霧島には空港をはじめ何か所も足湯があります。霧島神宮の一の鳥居のすぐ近くの霧島市観光案内所にあるのが「あし湯霧島」。参拝終わりにどうぞ。

古宮址（ふるみやあと）高千穂河原のかつて霧島神宮があった場所の跡地です。中央に神籬（ひもろぎ）だけが置かれたシンプルな空間ですが、とても気持ちがよく、現在も祭祀が行われている神聖な場所です。

霧島道路 古宮跡のある高千穂河原へ向かう道は霧島山の山道。自然が豊かで新緑や紅葉が美しくドライブしていて楽しいです。

ハミダシたいちゃん 霧島神宮の休憩所でしか購入できない「鉾餅（ほこもち）」は餡を求肥で包んだもの。シナモンの香りがたまりません。

山幸彦が暮らした場所

鹿児島神宮

かごしまじんぐう

鹿児島県霧島市隼人町内2496-1

長寿・厄祓

ヒコホホデミ

子宝・安産

トヨタマヒメ

御祭神 彦火火出見尊《ひこほほでみのみこと》、豊玉比売命《とよたまひめのみこと》

山幸彦ことヒコホホデミノミコトがお住まいになっていた場所で、神武天皇の時代に創建されたと伝わっています。大隅正八幡宮（おおすみしょうはちまんぐう）ともいわれ宇佐神宮よりも先に八幡神が現れたという伝承が残っています。元宮でもある摂社の石體神社は安産に御利益があります。

拝殿 天井の格子には花や野菜などが鮮やかに描かれており、まるで舞台小屋のような雰囲気でテンションが上がります。

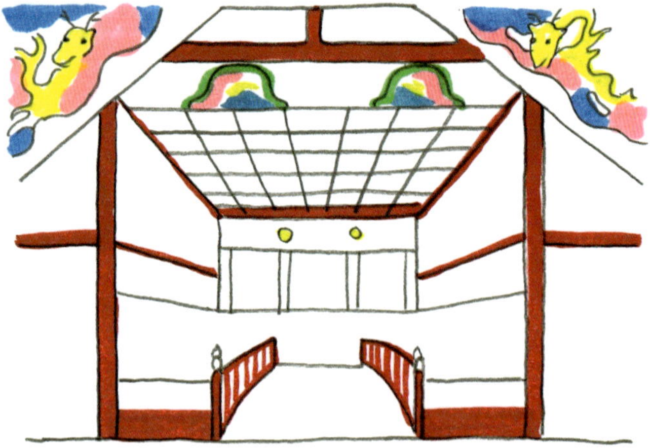

ヒコホホデミの兄ちゃんです。
神社があるのは隼人町。
僕が隼人の祖なんだ。
境内入口にある三之社には
僕も祀られてるんで来てね。
「火蘭降命（ほすそりのみこと）」
っていうのが僕のこと。
ホデリ

580歳まで生きて
農耕、畜産、漁猟の
方法を民に
指導したんだよ。
ヒコホホデミ

御神木 樹齢800年と伝わるクスノキです。ほかにも境内は巨木がいくつかあり、歴史を感じます。

高屋山上陵（たかやのやまのえのみささぎ）ヒコホホデミノミコトの陵墓（お墓）です。鹿児島には神代三陵（かみよさんりょう）といって、日向三代（ニニギノミコト、ヒコホホデミノミコト、ウガヤフキアエズノミコト）の陵墓があります。

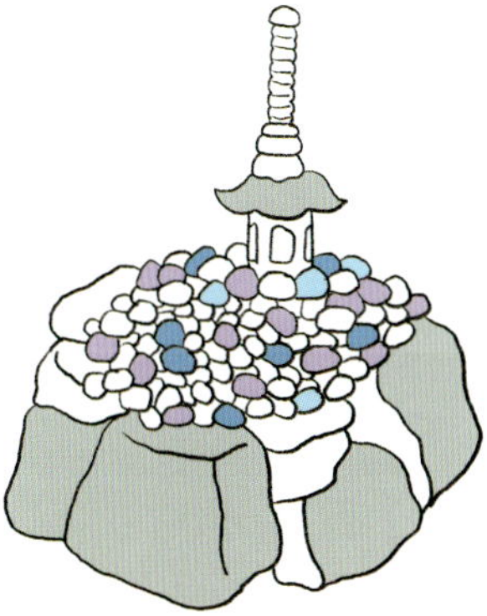

石體（しゃくたい）**神社** ヒコホホデミノミコトが高千穂宮を営んでいた頃に創建されたと伝わっています。境内に積まれている丸石をお守りとして持ち帰ると安産に御利益があるそうです。

オモイカネの解説!

卑弥呼とは『魏志倭人伝』に書かれた邪馬台国の女王。この邪馬台国がどこにあったかというのは昔から論争になっていていまだ答えが出ていない。主なものは九州説と大和説で、卑弥呼に関しても、アマテラス説、神功皇后説、ヤマトトモモソヒメ説などいろいろあるんだ。

ハミダシたいちゃん 石體神社の近くにはなんと卑弥呼神社が！ このあたりに居城を持っていたという伝説に基づき近年創建されたみたい。縁結び・学問・心身症に御利益があるとか。

全国の八幡様の総本宮

宇佐神宮《うさじんぐう》

大分県宇佐市南宇佐2859

必勝
祈願

応神天皇

御祭神 八幡大神《はちまんおおかみ》、比売大神《ひめおおかみ》、神功皇后《じんぐうこうごう》

御祭神の八幡大神とは第15代応神天皇。『古事記』では神代の上巻ではなく、人代になる中巻に記載があります。比売大神とは宗像三女神のこと。日本にある神社は約11万社といわれ、最も多いのが八幡社の約4万社。その総本宮がこちらです。皇室も伊勢の神宮につぐ第二の宗廟として崇敬されています。

宇佐鳥居と西大門 宇佐神宮の鳥居は「宇佐鳥居」という独特のもので、柱の上部に台輪がついています。西大門の奥にある本殿は3つの社殿からなり、一之御殿は八幡大神、二之御殿は比売大神、三之御殿は神功皇后がお祀りされています。ここでの参拝は出雲大社と一緒で二拝四拍手一拝です。

母です。
三之御殿に
祀られています。
神人交歓、安産、
教育などの
守護をしてます。

神功皇后

境内は広くて
いろんな神社が入ってるから
ゆっくり参拝してね。
「片参り」にならないよう、
上宮だけじゃなく
下宮も忘れずに。
道鏡事件で国家を救った
和気清麻呂を祀った
護皇神社もあるよ。

応神天皇

薦(こも)神社　宇佐神宮から車で30分くらいのところにあります。宇佐神宮との縁も深く、古くは神輿に収める神験はこの地の真薦が使われたそうです。御神体となっている三角池は鳥居が立ち、神秘的な雰囲気を漂わせています。

大元神社(奥宮)　御許山(おもとさん)の山頂にある宇佐神宮の奥宮で、比売大神が降臨した場所。八幡大神よりも前にこの地で大切にされていた神様です。

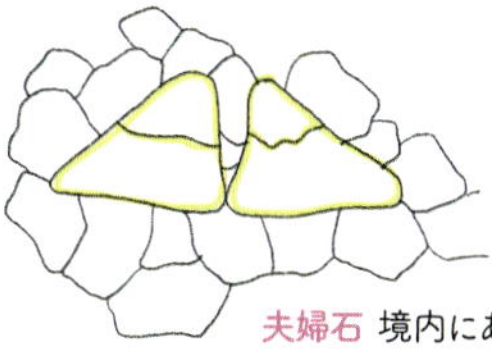

夫婦石　境内にある若宮神社の手前の参道にある似たような形の三角形の石。夫婦やカップルは手をつないで左右の石を一緒に、独身の人は両足で踏むと幸せになれるとか。

これもチェック!

虎まき

宇佐神宮の門前町にある清風堂さんのお菓子です。甘さ控えめのこし餡をカステラ生地で巻いたもの。豪快にがぶりとどうぞ。

オモイカネの解説!

二之御殿に祀られている比売大神は宗像三女神となっているが、実は卑弥呼ではないかという説もある。宇佐神宮がある小椋山は古墳であり、そこに眠っているのが卑弥呼だというのだ。信じるか信じないかはあなた次第!

ハミダシたいちゃん　神功皇后が息子の応神天皇を育てる時に母乳代わりにして与えたという「宇佐飴」は素朴な味わい。境内で販売されています。

絵になるスポット

伊勢編

二見浦

夫婦岩で有名な観光名所。昔の人はここで禊をしてから伊勢参拝をしたんじゃ。夫婦岩のある二見興玉神社にはワシが祀られておる。

サルタヒコ

宇治橋

ここを渡れば私の神域。渡ってすぐ左に行くと絵のように橋を下から一望できる隠れスポットがあります。いい写真が撮れますよ。

アマテラス

荒祭宮

ここの御祭神は天照大御神の荒御魂となっていますが、一書によると私が祀られているとも。この絵は遷宮前のものですね。

セオリツヒメ

伊勢・大和
ほか

ころころ

アマテラスオオミカミを祀る日本人の総氏神

伊勢神宮 皇大神宮(内宮)

いせじんぐう・ないくう

三重県伊勢市宇治館町1

神恩
感謝

アマテラス

御祭神 天照大御神《あまてらすおおみかみ》

伊勢神宮とは内宮と外宮をはじめとする伊勢周辺にある125社の総称であり、正式には「神宮」といいます。内宮は皇室の祖先神であり日本人の総氏神であるアマテラスオオミカミをお祀りし、伊勢神宮125社の最高位にあります。今から約2000年前に創建され、皇位のしるしとして天皇陛下に受け継がれる三種の神器のひとつである八咫鏡(やたのかがみ)を御神体としています。

正宮 アマテラスオオミカミをお祀りしています。ここでは、日ごろの感謝と世界平和などを祈りましょう。たくさんの参拝者がいるので静かにお参りしたい方は早朝参拝がオススメです。

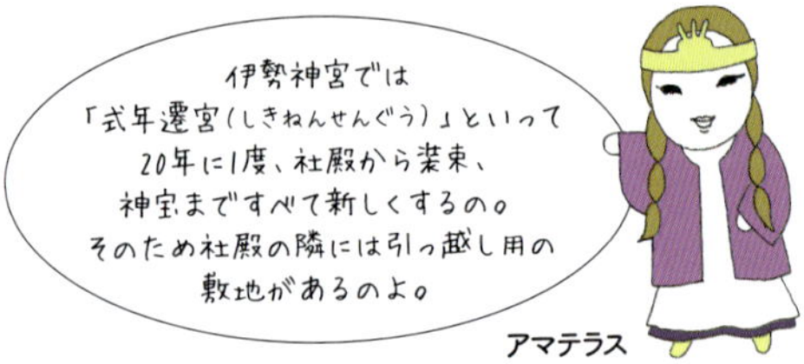
伊勢神宮では
「式年遷宮(しきねんせんぐう)」といって
20年に1度、社殿から装束、
神宝まですべて新しくするの。
そのため社殿の隣には引っ越し用の
敷地があるのよ。

アマテラス

荒祭宮（あらまつりのみや） 内宮の第一別宮です。アマテラスオオミカミの荒御魂（あらみたま）を祀っています。14ある別宮の中で最も社殿が大きいのがこちらです。

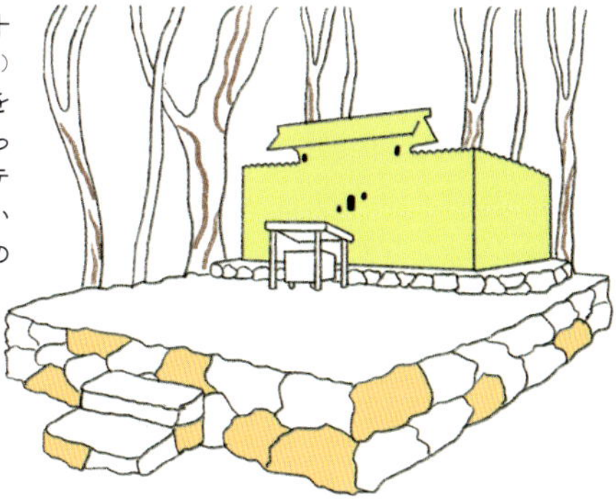

瀧祭神（たきまつりのかみ） 五十鈴川の御手洗場（みたらし）の近くにあり、五十鈴川を守護する水の神様を祀っています。地元ではアマテラスオオミカミへ取り次いでくれるといわれているのでまずはここにお参りを。

四至神（みやのめぐりのかみ） 社殿もなく案内板もないので見落とされがちですがこちらも125社のひとつです。神域の境界を守護しています。

オモイカネの解説！

三種の神器とは天孫降臨の時にアマテラスがニニギに持たせた神宝のこと。八咫鏡（やたのかがみ）、草薙剣（くさなぎのつるぎ）、八坂瓊曲玉（やさかにのまがたま）の3つで天皇の皇位継承の際に引き継がれる。草薙剣は名古屋の熱田神宮に、八坂瓊曲玉は皇居に奉安されているんだ。

ハミダシたいちゃん 内宮参拝のあとのお楽しみはおはらい町での食べ歩きや買い物。歩き疲れたら五十鈴川を見ながらコーヒーやケーキを楽しめる「五十鈴川カフェ」がオススメ。

風日祈宮（かざひのみのみや）　別宮のひとつで風の神様を祀っています。五十鈴川の支流である島路川にかかる風日祈宮橋を渡ると静謐な空間が現れます。

元寇の時に
神風を吹かせて
敵を全滅させたんで
別宮に昇格して
もらったんだ。

シナツヒコ

子安（こやす）**神社**　御祭神はコノハナノサクヤヒメノミコト。隣には山の守り神であるお父さんのオオヤマヅミノカミを祀った大山祇（おおやまつみ）神社があります。

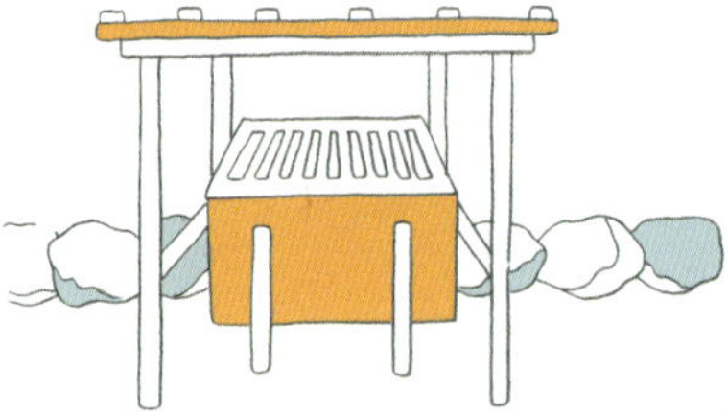

地元では子授け、
安産の神様として
信仰されてるの。

コノハナノサクヤヒメ

御稲御倉（みしねのみくら）　神田から収穫した抜穂（ぬいぼ）の御稲が納められた倉で、倉の守護神が祀られています。ここも125社のうちのひとつ。社殿は正宮と同じ唯一神明造となっています。

五十鈴川の別名は
「御裳濯川（みもすそがわ）」。
私が着物のすそを
濯いだことから
名付けられたのよ。

ヤマトヒメ

御手洗場（みたらし） 五十鈴川の流れで身を清めることができます。昔はここで手や口を注いでいました。五十鈴川の水は冷たく、清涼な風を感じられる気持ちのいい場所です。

神馬牽参（しんめけんざん） 毎月1日、11日、21日の朝8時頃、神職さんに連れられて神馬が正宮を参拝します。階段の下につくとぺこりと頭を下げる姿がかわいい。

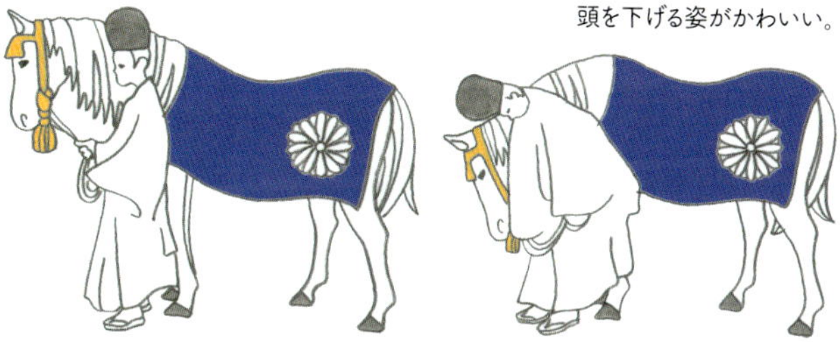

神楽奉納 神楽殿では申し込みをすれば誰でも神楽を奉納できます。生演奏の雅楽の調べに合わせた舞女による倭舞（やまとまい）は別世界へいざなってくれますよ。オススメです。

ハミダシたいちゃん おかげ横丁にある「おかげ座　神話の館」では立体展示と映像で神話の世界を体感することができますよ。

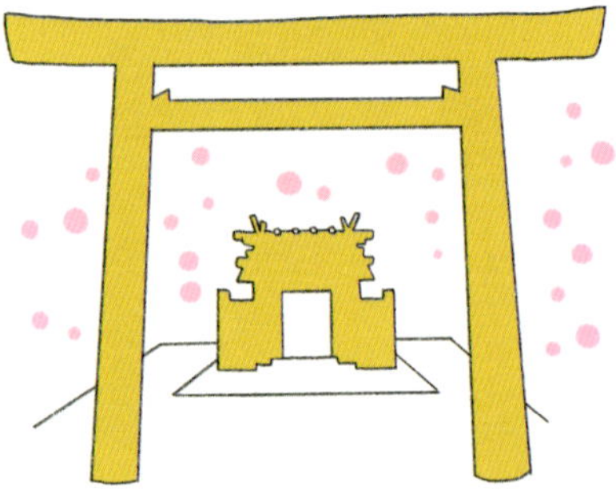

饗土橋姫(あえどはしひめ)**神社**
内宮前の駐車場の奥にあり、宇治橋の守護をしています。宇治橋の建て替え（式年遷宮の4年前）と同じ時期に遷座が行われるため一番早く社殿が新しくなります。内宮の所管社で125社のうちのひとつです。

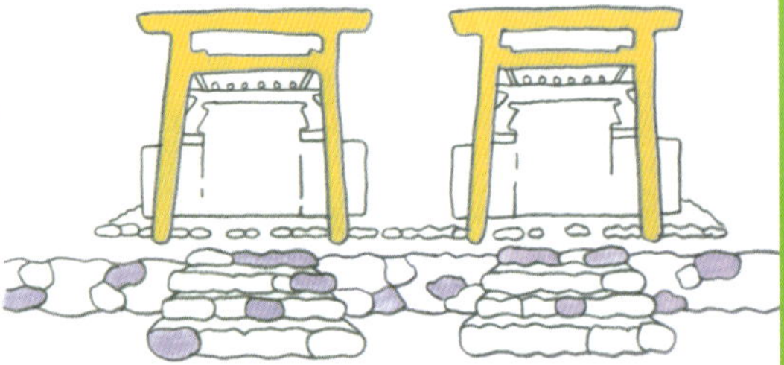

朝熊(あさくま)**神社・朝熊御前**(おさくまみまえ)**神社** 五十鈴川河口近くにある内宮の摂社です。内宮の周辺だけでもいろいろな摂社、末社があるので散策するのも楽しいですよ。

大水(おおみず)**神社** 饗土橋姫神社の近くにある内宮の摂社。五十鈴川の周囲の山の神様です。石垣を飲み込んでいる大木に圧倒されます。ここにはほかに2社が一緒に祀られています。

オモイカネの解説！

伊勢神宮の125社は内宮と外宮の両正宮を筆頭に、別宮、摂社、末社、所管社と分けられている。別宮は正宮に次ぐ位の高いお宮で、内宮に10社、外宮に4社ある。摂社は式内社で、末社は式内社ではないけれども延暦儀式帳(えんりゃくぎしきちょう)に記載されている神社、それ以外が所管社となっているんだ。

別宮

4つの社殿が並び立つ姿に感動

月読宮

つきよみのみや

三重県伊勢市中村町742-1

御祭神　月読尊《つきよみのみこと》

五穀豊穣
ツクヨミ

内宮の別宮でアマテラスオオミカミの弟のツクヨミノミコトを祀ります。ツクヨミノミコトとその荒御魂、そして両親のイザナギノミコトとイザナミノミコトの4柱がそれぞれ別々の社殿で祀られており、どれもが内宮の別宮です。次の遷宮のための御敷地は隣ではなく少し離れたところにあり、静かに時を待っています。

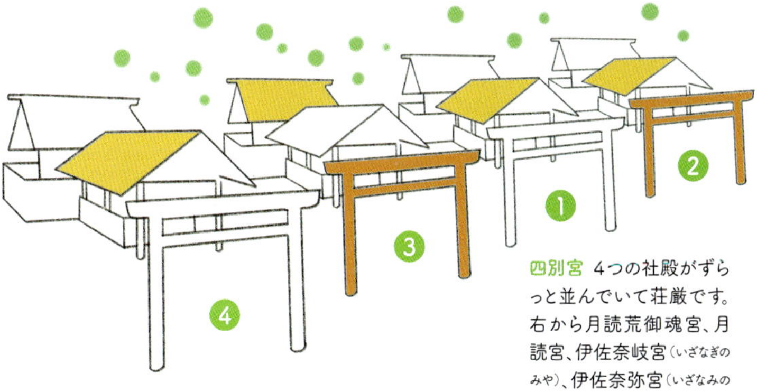
1
2
3
4

四別宮　4つの社殿がずらっと並んでいて荘厳です。右から月読荒御魂宮、月読宮、伊佐奈岐宮（いざなぎのみや）、伊佐奈弥宮（いざなみのみや）となっていて、イラストに振ってある数字の順番に参拝します。

葭原（あしはら）神社　裏参道の入り口近くに佇む内宮の末社です。五穀豊穣の神様を祀っています。

4つある社殿の中で
僕がいるところはちょっと大きくできてるんだ。見てみてね。
外宮の近くの月夜見宮にも
僕は祀られてますよ。
ツクヨミ

アマテラスオオミカミの鎮まる地を求めて日本各地を歩き、この地で祀ることを決めたヤマトヒメノミコトが御祭神となっています。創建は大正時代で伊勢神宮で最も新しい神社です。近くに神宮の神宝や資料が展示されている神宮徴古館(じんぐうちょうこかん)もあり、こちらもオススメです。

伊勢神宮で一番新しい神社

倭姫宮

別宮

やまとひめのみや

三重県伊勢市楠部町5

御祭神 倭姫命《やまとひめのみこと》

神恩感謝

ヤマトヒメ

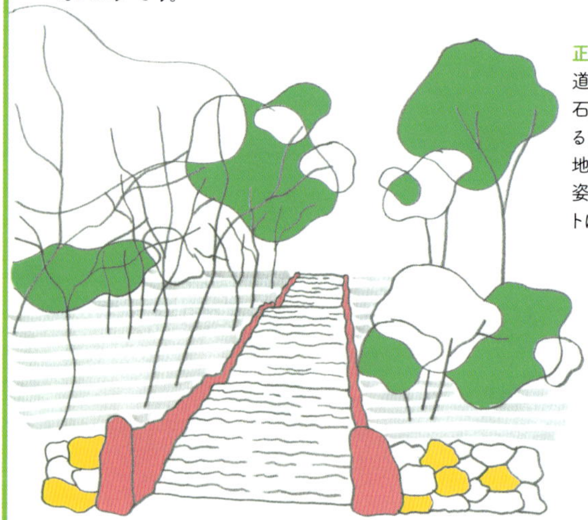

正殿へ続く階段 静かな参道の先にはすうっと伸びた石段があり、この石段を登ると正殿が現れます。古殿地を隣に置き凛として建つ姿を見て、ヤマトヒメノミコトに思いをはせました。

尾上御陵(おべごりょう) ヤマトヒメノミコトのお墓です。倭姫宮の近くの金刀比羅神社の参道にあります。

アマテラス様から
「この神風の伊勢の国は
常世の浪の重浪(しきなみ)
帰(よ)する国なり。
傍国(かたくに)の
可怜(うまし)国なり。この国に
居(を)らむと欲(おも)ふ」
という神託をいただいて、
伊勢に決めました！

ヤマトヒメ

四コマ古事記

倭姫宮編

倭姫

番外編『古事記』中巻＋『日本書紀』

❶

❷

❸

❹

❶ 父・崇神天皇からアマテラスの鎮まる地を探すよう託されたトヨスキイリヒメの跡を継ぎ、垂仁天皇の皇女ヤマトヒメは全国を旅して歩きました。
❷ 伊勢の地に来た時、アマテラスの神託を受けました。
❸ そしてこの地に祀ることにしました。それが伊勢神宮（皇大神宮）です。ヤマトヒメは伊勢神宮の最初の斎王となりました。
❹ 後年、甥のヤマトタケルが東国を征伐に行く途中、ヤマトヒメを訪ねました。この時に渡した刀が草薙剣です。この刀は今は名古屋の熱田神宮にあります。

おばのトヨスキイリヒメの
跡を引き継いで、
もともと大和の宮中で
祀っていたアマテラス様の
鎮まる地を約90年かけて
探して歩き回りました。
ここもそのひとつです。
ヤマトヒメ

別宮

樹齢数百年を越える杉の
木立に囲まれた遙宮（とうのみや）

瀧原宮

たきはらのみや

三重県度会郡大紀町872

神恩感謝
アマテラス

御祭神　天照大御神御魂《あまてらすおおみかみのみたま》

瀧原宮、瀧原並宮というふたつの別宮が並び立ち、どちらもアマテラスオオミカミをお祀りしています。内宮から車で40分くらいのところにあり、古くから「遙宮」といわれてきました。現在の場所に決まる前にアマテラスオオミカミを祀っていた「元伊勢」のひとつです。私が伊勢神宮で一番好きなところです。

御手洗場（みたらし）　参道と並行して流れる頓登川（とんどがわ）が身を清めるための場所となっています。参拝の前にこちらへ。清らかな谷川で身も心も洗われます。

参道　約600メートル続く参道を樹齢数百年の杉の木立が囲っています。内宮や外宮に比べると訪れる人も少なく、静寂に包まれていて、落ち着いてゆっくり歩くことができます。

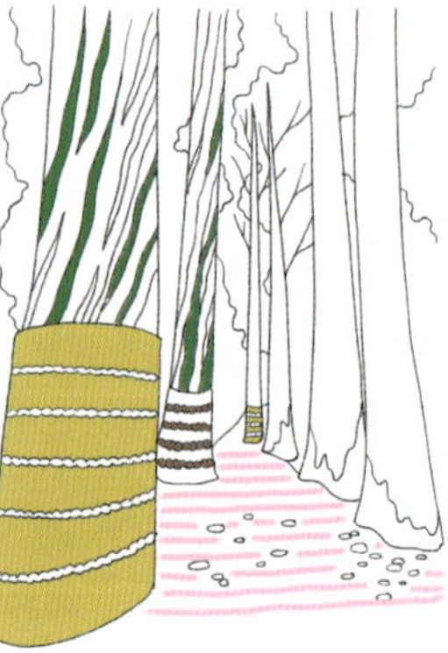

オモイカネの解説！

伊勢に決まるまでにトヨスキイリヒメやヤマトヒメがアマテラスを祀った場所を「元伊勢」という。その数は20か所以上といわれ、代表的な場所に奈良の檜原神社、京都の真名井神社や皇大神社などがあるんだ。伊勢神宮125社の中にはヤマトヒメゆかりの神社は数多くあるぞ。

アマテラスオオミカミを祀る
もうひとつの遙宮

別宮

伊雑宮

いざわのみや

三重県志摩市磯部町上之郷374　アマテラス

御祭神　天照大御神御魂《あまてらすおおみかみのみたま》

志摩市にある内宮別宮でアマテラスオオミカミを祀り、瀧原宮とともに「遙宮」といわれています。ヤマトヒメノミコトが内宮への供え物をとる場所を決めるためにここを訪れ、地元のイザワトミに命じてお祀りさせたそうです。近くにはヤマトヒメノミコトの旧蹟もあります。

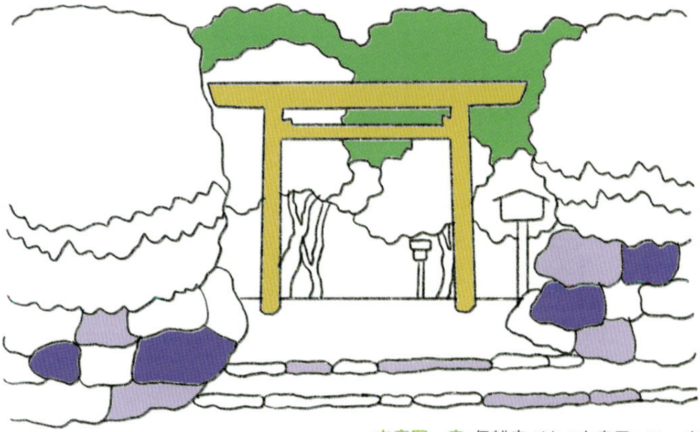

志摩国一宮　伊雑宮がある志摩国には一宮がふたつ、ここ伊雑宮と伊射波（いざわ）神社です。ちなみに伊勢国一宮も椿大神社（つばきおおかみやしろ）と都波岐奈加等（つばきなかと）神社とふたつあります。

御田植式（おたうえしき）　香取神宮、住吉大社と共に日本三大御田植祭のひとつ。古式ゆかしい衣装を身にまとっての田楽に合わせての田植え、男たちの勇壮な「竹取行事」「踊込み行事」などがあり、毎年6月24日に伊雑宮の近くの神田で行われます。

巾着楠（きんちゃくくす）　鳥居を入って右側の宿衛屋の前にある不思議な形のクスノキ。愛らしくて御利益ありそうだけど、木が痛むので触らないようにね。

ハミダシたいちゃん　伊雑宮の目の前に重要文化財になっている木造建築の「中六」といううなぎ屋さんがあります。雰囲気のいい、落ち着けるお店です。うなぎは関西風の蒸さないタイプ。

アマテラスオオミカミの食事を司る神として招かれる

伊勢神宮 豊受大神宮(外宮)

いせじんぐう・げくう

三重県伊勢市豊川町279

開運

トヨウケヒメ

御祭神 豊受大御神《とようけのおおみかみ》

内宮の鎮座から遅れること約500年、アマテラスオオミカミが自らの食事を司る神としてトヨウケノオオミカミを招いたのが始まりです。以来、朝と夕の二度、アマテラスオオミカミをはじめとする神々に食事を供える日別朝夕大御饌祭(ひごとあさゆうおおみけさい)が毎日続けられています。

正宮 外宮の主祭神である豊受大御神(とようけのおおみかみ)が祀られています。手前には広々とした古殿地があり、中央には「心御柱(しんのみはしら)」を納めるための覆屋(おおいや)が静かに佇んでいます。「心御柱」は正宮中央の床下の柱で、古くから神聖なものとされ大切にされています。

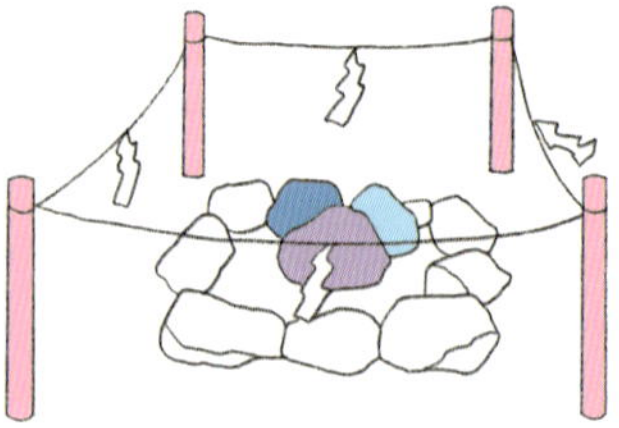

三ツ石 古殿地の南側にある3個の石を重ねた石積み。川原祓所(かわらのはらいしょ)というこの場所では式年遷宮の際に清めの儀式が行われます。神聖な場所なので手かざしなどは控えたいですね。

ここでは
豊受大御神という名前で
祀られています。
丹後にいたんですけど、
そこから招かれました。

トヨウケヒメ

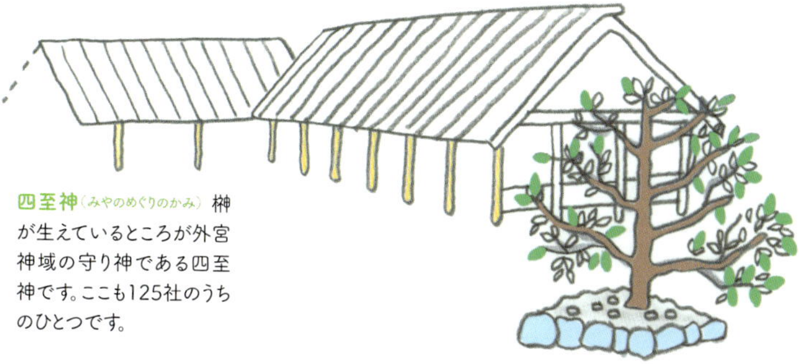

四至神（みやのめぐりのかみ） 榊が生えているところが外宮神域の守り神である四至神です。ここも125社のうちのひとつです。

多賀宮（たかのみや） 石段の先には第一別宮の多賀宮があります。御祭神はトヨウケノオオミカミの荒御魂。境内にはほかにも土宮、風宮といった別宮があります。

亀石 多賀宮や土宮、風宮のある場所への道の途中に橋として使われている亀の形をした石です。

オモイカネの解説！

伊勢神宮では「外宮先祭」といってお祭りは外宮から始まるのが決まりになっていて、参拝も内宮からではなく外宮からすることになっているぞ。また、内宮は右側通行、外宮は左側通行なんだ。気をつけるように！

ハミダシたいちゃん 伊勢といえば伊勢うどん。お気に入りは宇治山田駅近くの「ちとせ」です。卵入りだと味がなめらかになってさらに美味しいですよ。

外宮の森 御厩（みうまや）の先を左に曲がると原生林のような外宮の森が広がっています。道の奥には度会国御（わたらいくにみ）神社と大津神社が鎮座しています。道の最奥にある老木は必見です。

清盛楠 平清盛が勅使として参向した時、冠に触れた枝を切らせたという伝承があります。

せんぐう館 勾玉池の隣に建つ、式年遷宮を伝える資料館です。遷宮の工事に使われた道具、神事や装束、神宝の資料などが展示されており、原寸大の外宮正殿模型が間近で見られます。

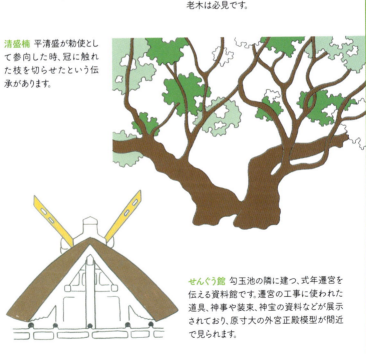

夜の世界を治める
ツクヨミノミコトの宮

月夜見宮

別宮

つきよみのみや

三重県伊勢市宮後1-3-19

御祭神 月夜見尊《つきよみのみこと》

ツクヨミ

外宮の別宮です。外宮の北御門から歩いて数分のところにあり、夜の世界を治めるツクヨミノミコトを祀っています。この神様は内宮別宮の月読宮の神様と同神です。境内はそれほど広くありませんが木々に覆われ、周囲の市街地と隔絶した感があります。

神路通り 外宮から月夜見宮へ続く直線の道。ここは夜更けにツクヨミノミコトが境内の石垣の石を白馬に変えて外宮の神様のもとへ通う道とされ、地元では夜は道の中央を歩くことを避けてきたそうです。

正殿 ツクヨミノミコトとその荒御魂をひとつの社殿でお祀りしています。隣には外宮摂社の高河原神社があります。この周辺の土地の守護神です。

蘇民将来伝説

伊勢周辺の家々ではお正月だけでなく1年中このような注連縄を玄関に飾っています。これは蘇民将来伝説に基づくもの。「蘇民将来子孫家門」を縮めた「将門」がいつしか「笑門」に変化しました。

ワシが伊勢の地を訪れた時に
手厚くもてなしてくれたのが
蘇民将来って男。その夜、
疫病が来ることがわかったんで
魔除けの方法を教えてやったんだ。
おかげで蘇民一家だけが
助かったんだ。で、帰りがけにも
「今後も蘇民将来の子孫と
玄関に掲げておけば大丈夫だよ」って
言って旅立ったんだ。それ以来、
蘇民家は災いから免れ
代々栄えたんだよ。

スサノオ

ハミダシたいちゃん 伊勢神宮で御朱印がいただけるのは内宮、外宮の両宮と、別宮の月読宮、倭姫宮、瀧原宮、伊雑宮、月読見宮です。

天孫降臨で道案内をした道開きの神様

猿田彦神社

さるたひこじんじゃ

三重県伊勢市宇治浦田2-1-10

開運
サルタヒコ

御祭神 猿田彦大神《さるたひこおおかみ》

ニニギノミコトが天孫降臨した時に道案内した国津神（くにつかみ）サルタヒコノカミをお祀りしています。サルタヒコノカミは高千穂にニニギノミコトを案内した後、アメノウズメノミコトと一緒に本拠地である伊勢の地に戻り、この地をはじめ全国の開拓にあたりました。

本殿 伊勢神宮のひとつではないので社殿も伊勢神宮とは全く違う造りです。社殿も含め、境内のいろんなところに八角形が使われています。

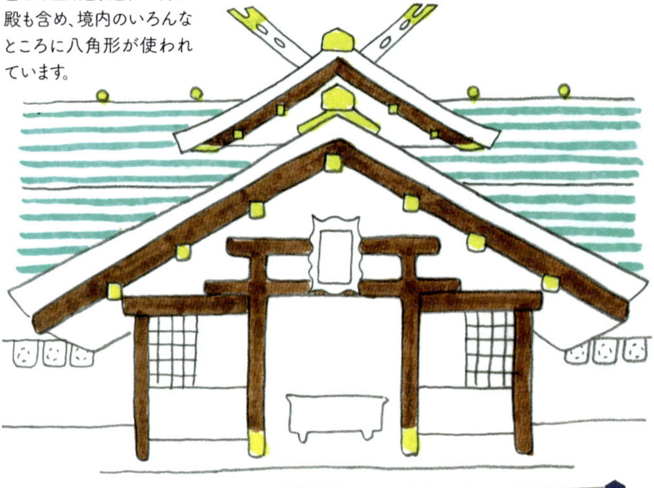

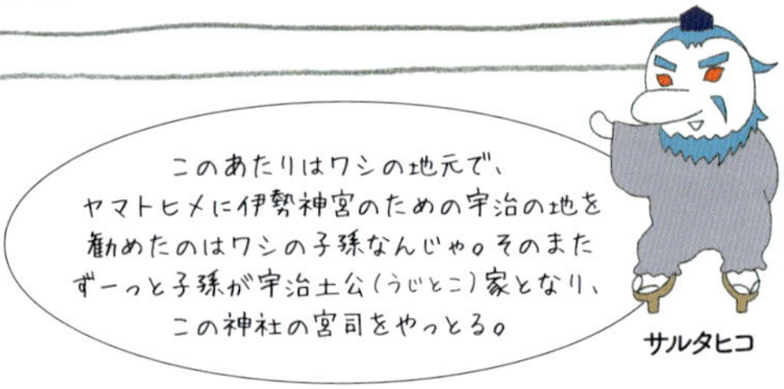
このあたりはワシの地元で、
ヤマトヒメに伊勢神宮のための宇治の地を
勧めたのはワシの子孫なんじゃ。そのまた
ずーっと子孫が宇治土公（うじとこ）家となり、
この神社の宮司をやっとる。
サルタヒコ

芸能やスポーツ関係をはじめ、
技芸の上達を祈る人が
たくさん来るの。天津神と国津神を
結びつけたということで「良縁」を
結ぶとも言われてるわ。
アメノウズメ

佐瑠女（さるめ）神社 サルタヒコノカミのパートナーであるアメノウズメノミコトをお祀りしています。芸能の神様ということで芸能人がよく参拝に訪れます。

本居宣長（もとおりのりなが）碑 寛政11年（1799）に本居宣長が参宮した時に宇治土公家に逗留し、当主に贈った歌が刻まれています。「神代から大神の末裔として絶えることなく続く名高き宇治土公家 私の大切な友よ」という意味です。

オモイカネの解説！

本居宣長というのは江戸時代の国学者で『古事記』を研究し、35年かけて注釈書『古事記伝』44巻を執筆した。これが出るまでは『古事記』は正史である『日本書紀』の副読本扱いだったんだ。『古事記』を世に広めたのは彼ともいえるな。

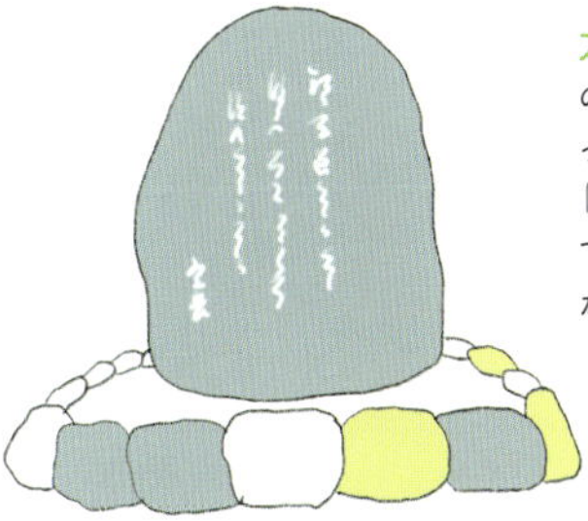

方位石 昭和11年の本殿の造営まで永く神座のあった最も神聖な場所です。「みちひらき」の神徳を表す八角形の石柱には方角が刻まれています。

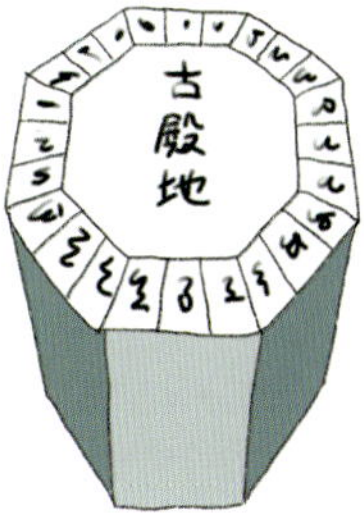

古殿地

ハミダシたいちゃん ここの近くの「内宮おかげ参道」という地下道入口の階段の壁にハートの小石が埋めこまれています。見つけたら良縁に恵まれるとか。

サルタヒコとアメノウズメ

→P27「天孫降臨」エピソード1

1 葦原中国を平定したとの報告をタケミカヅチから受け、アメノオシホミミに再び降臨の命令が下る。しかし降臨するのは息子のニニギになりました。

2 出発しようとすると道の途中で天上界と地上界を照らす神がいました。ニニギはアメノウズメに見に行かせました。

3 ニニギはアマテラスから勾玉・鏡・剣を授かり、地上に降臨(天孫降臨)。

4 道案内を終えるとサルタヒコはアメノウズメに送られて地元・伊勢に帰り、アメノウズメは「猿女君」を名乗ることに。サルタヒコはその後、海で貝に手を挟まれ溺れてしまいました。

原初の神祀りを伝える日本最古の神社

大神神社

おおみわじんじゃ

奈良県桜井市三輪1422

心願成就

オオモノヌシ

御祭神 大物主大神《おおものぬしのおおかみ》

本殿を持たず三輪山を御神体として拝する原初の神祀りを今に伝える日本最古の神社といわれています。拝殿の奥に三ツ鳥居という鳥居が三つ横並びになった独特の鳥居があり、ここから直接御神体の三輪山を拝します。御祭神のオオモノヌシノカミに関しては記紀をはじめとして様々な伝承が残っています。

スクナビコナがいなくなって途方に暮れてたオオクニヌシに救いの手を差し出したのがオレ。

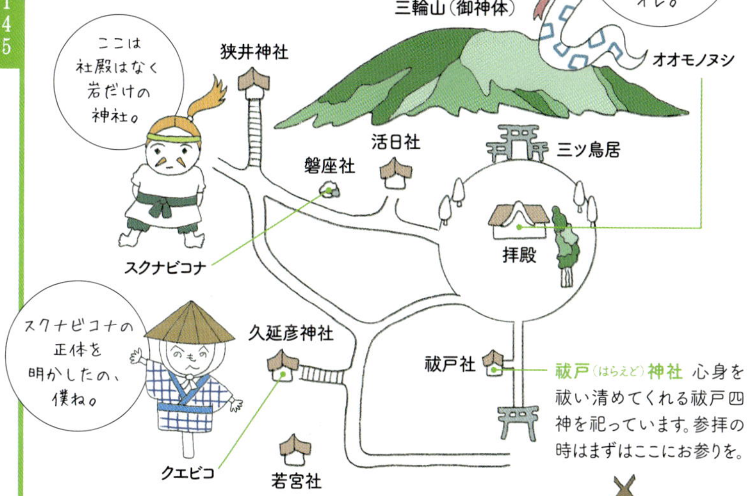
三輪山（御神体）
オオモノヌシ
ここは社殿はなく岩だけの神社。
狭井神社
活日社
三ツ鳥居
磐座社
拝殿
スクナビコナ
スクナビコナの正体を明かしたの、僕ね。
久延彦神社
祓戸社
祓戸（はらえど）神社 心身を祓い清めてくれる祓戸四神を祀っています。参拝の時はまずはここにお参りを。
クエビコ
若宮社

出雲大社の祓戸社と同じメンバーです。私以外はハヤアキツヒメ、イブキドヌシ、ハヤサスラヒメの3人。『古事記』に登場するのはハヤアキツヒメだけなの。
セオリツヒメ

※『古事記ゆる神様100図鑑』ではオオモノヌシノカミを蛇の姿をしたキャラクターにしていますが、大神神社では大物主大神が蛇そのものとは説明しておりません。また蛇をお祀りしている神社ではありません。

受験合格・
学業向上に
霊験あらたか！
クエビコ

久延彦神社 長〜い階段の先にある大神神社の摂社。御祭神のクエビコノカミは何でも知ってる智恵の神。フクロウの絵馬やお守りなどがあります。近くにある大美和の杜展望台からの景色は絶景です。

なでウサギ 参集殿にあるこのウサギを撫でると願いが叶う、身体の痛いところを撫でると癒されるなどといわれています。多くの人に撫でられているためピッカピカです。

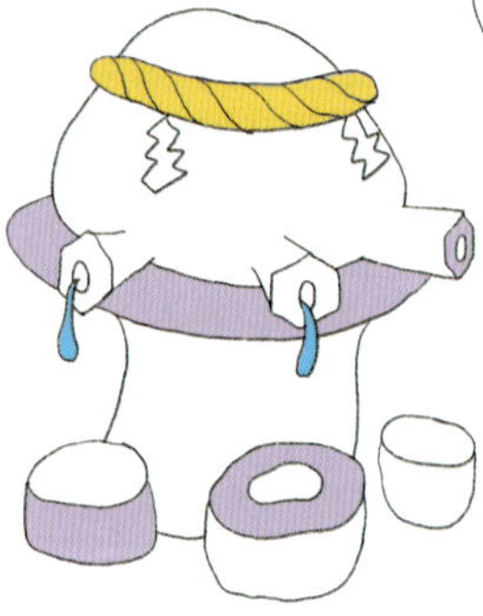

薬井戸（くすりいど） 三輪山から湧き出た、万病に効くといわれている霊水を飲むことができる井戸。狭井神社にあり、大神神社の御神体である三輪山への登拝はこちらで手続きを。

ハミダシたいちゃん 三輪といえばそうめん！　正面鳥居のすぐそばにある「そうめん處　森正」では三輪そうめんのほかに柿の葉寿司もあります。雰囲気もいいですよ。

四コマ古事記

大神神社編

オオモノヌシ

番外編『古事記』中巻

❶ セヤダタラヒメを見て恋焦がれるオオモノヌシ。
❷ 姫が川の流れの上に建てた厠（かわや）に入ったのを見て矢に姿を変える。
❸ 厠の下からホト（女性器）を突くオオモノヌシ。セヤダタラヒメはびっくりして走り回り大騒ぎ。そしてその矢を床の間に置くと、見目麗しい男となりました。
❹ 二人は結婚し生まれた子がホトタタライススギヒメ（ヒメタタライスケヨリヒメ）。この姫が神武天皇の后となりました。

最初の元伊勢

檜原神社

ひばらじんじゃ

境外摂社

奈良県桜井市大字三輪字檜原

御祭神 天照大御神《あまてらすおおみかみ》

神恩感謝

アマテラス

大神神社の摂社でアマテラスオオミカミをお祀りしています。それまで宮中でお祀りしていましたが畏れ多いということで外でお祀りすることになり、崇神天皇の皇女トヨスキイリヒメがこの地に遷されました。本殿、拝殿ともになく、三ツ鳥居を通して神座を拝します。

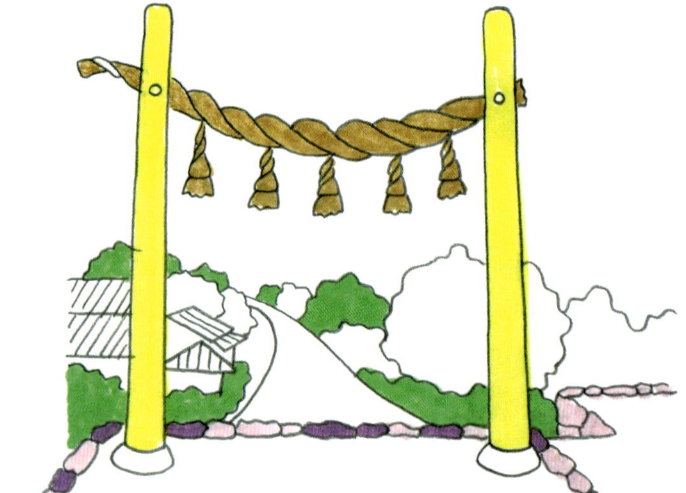

元伊勢 伊勢神宮に決まるまでに御杖代(みつえしろ)となったトヨスキイリヒメやヤマトヒメによって祀られた場所を元伊勢といい、ここはその最初の場所です。鳥居の代わりに柱に注連縄というのが印象的。この鳥居から眺める景色が好きです。古代の人たちとつながっている気持ちになれます。

私の最初の
お引越し場所です。
この後もいろいろと
引っ越し続きで、
最終的に伊勢に
落ち着きました。

アマテラス

オモイカネの解説！

アマテラスが宮中から外で祀られるようになった時、同時に倭大国魂(やまとおおくにたま)も外で祀られることになり、そちらは天理市にある大和(おおやまと)神社に祀られているんだよ。

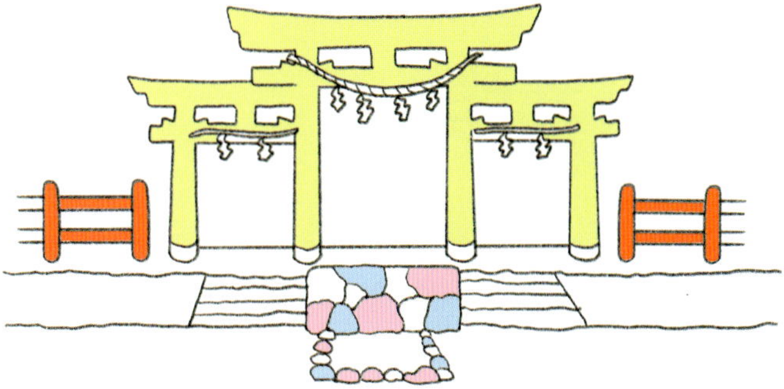

三ツ鳥居 大神神社と同じ独特の鳥居です。大神神社の三ツ鳥居は拝殿の奥ですがここは外にあるので誰でも見ることができます。左側にはトヨスキイリヒメを祀った豊鍬入姫宮もあります。

山辺（やまのべ）の道 三輪山の麓から春日山の麓まで奈良盆地の東端を南北に走る日本最古の道です。周辺には神社やお寺、古墳などがあり古の奈良を感じさせてくれます。

箸墓 檜原神社の近くにある3世紀後半の前方後円墳です。オオモノヌシノカミの妻ヤマトトモモソヒメの墓とされていますが、卑弥呼の墓だという説もあります。

この墓は昼は人が、
夜は神が作ったと
伝わってます。
箸墓の名前の由来は
私のプロフィールを
読んでね。

ヤマトトモモソヒメ

ハミダシたいちゃん 鳥居のすぐ近くにある「桧原御休処」は柿畑に囲まれたほっこりできる山のお茶屋さん。わらび餅やよもぎ団子など素朴な味わい。

タケミカヅチノカミやスサノオノミコトの神剣を祀る

石上神宮

いそのかみじんぐう

奈良県天理市布留町384

必勝祈願
フツヌシ

御祭神 布都御魂大神《ふつのみたまのおおかみ》、布留御魂大神《ふるのみたまのおおかみ》、布都斯魂大神《ふつしみたまのおおかみ》

御祭神となっているフツノミタマノオオカミ、フルノミタマノオオカミ、フツシミタマノオオカミとはそれぞれの剣や宝を神格化したものです。ニギハヤヒノミコトの子ウマシマヂノミコトが祭祀を司ることとなり、その子孫である物部氏の氏神となりました。かつては本殿をもたず、地中深く埋められた神剣と神宝を祀っていました。

楼門 鎌倉末期の文保2年（1318）に建立されたことが知られ、重要文化財に指定されています。拝殿は平安末期か鎌倉初期のもので現存する最古の拝殿であり、国宝に指定されています。

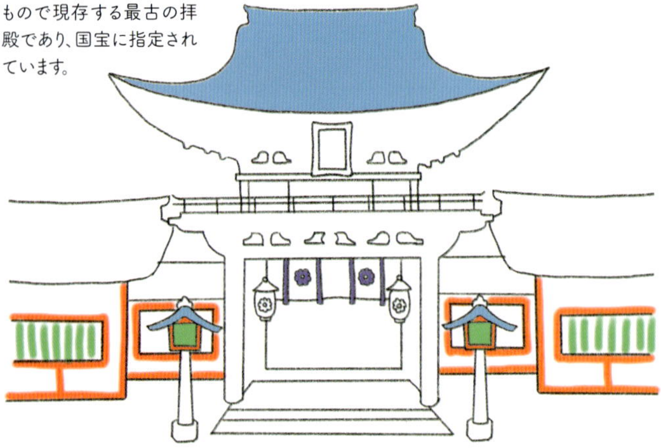

ニギハヤヒ
フツシミタマとは ヤマタノオロチを 切った ワシの刀じゃ。
スサノオ
フルノミタマとは 僕が持ってきた 十種の 神宝のこと。
フツノミタマは ワシの剣ね。 神武のピンチを 救った刀だよ。
タケミカヅチ

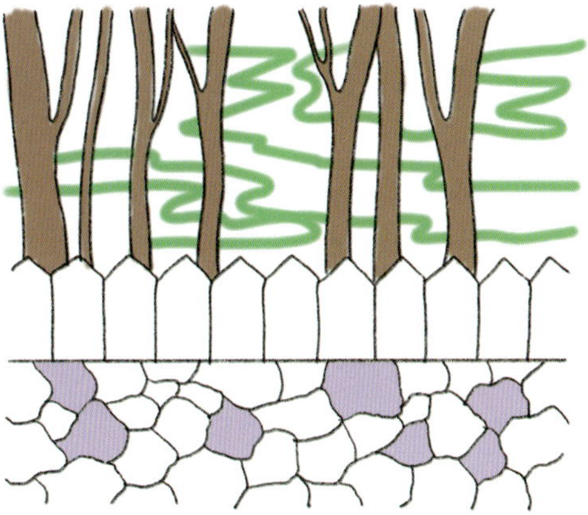

禁足地 拝殿後方にあり最も神聖な場所とされています。明治初期にここを発掘したところ神剣「韴霊（ふつのみたま）」をはじめ数々の大刀や鏡、玉類などが出土し、神剣を奉安するために本殿を建立しました。

ニワトリ 約40年前に奉納され、自然繁殖や奉納などを繰り返して現在は約50羽いるそうです。いろんな種類がいて、どれもなついているようです。近づいてものんびりしているニワトリたちは幸せそうでした。

七支刀（しちしとう） 神庫（ほくら）に伝世した鉄製の剣で369年の作製とも。『日本書紀』の神功皇后摂政52年に百済から献上された刀だと考えられています。

出雲武雄神社拝殿 もともとは内山永久寺の鎮守である住吉社の拝殿でしたが、大正３年に現在地に移築されました。保延３年（1137）に建立されたもので国宝に指定されています。出雲武雄神社では草薙剣の荒魂をお祀りしています。

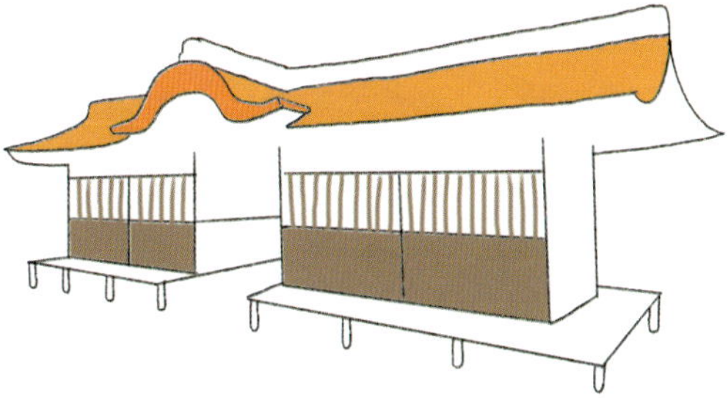

フツノミタマ

→P29「海幸山幸」エピソード4

❶ タカクラジが持ってきた刀のおかげで窮地に陥っていた神武軍は復活しました。
❷ タカクラジは夢の中の出来事を語り始めました。実はこの刀こそ葦原中つ国平定の時に大活躍した刀です。
❹ その後、この剣はウマシマヂが宮中で大事に祀りました。

COLUMN

狛《こま》犬《いぬ》

佐世神社

戸隠神社宝光社

高千穂神社

宇佐神宮

一般的に「狛犬」といっていますが、厳密には右側のものは「獅子」で左のものが「狛犬」です。「獅子」はライオンで、「狛犬」は想像上の生き物。そのルーツは古代オリエントでインド、中国を経由して飛鳥時代に日本に入ってきたといわれています。神社ごとに特徴があるので面白いですね。

白山比咩神社

大和朝廷の前にあった葛城王朝の中心地

高鴨神社

たかかもじんじゃ

奈良県御所市鴨神1110

開運

アヂシキタカヒコネ

御祭神 阿遅志貴高日子根命《あぢしきたかひこねのみこと》（迦毛之大御神《かものおおみかみ》）

京都の賀茂神社など全国の鴨（加茂）社の総本宮で、弥生時代中期より祭祀を行う日本最古の神社のひとつです。御祭神のアヂシキタカヒコネノカミはオオクニヌシノカミの息子。この土地は地下に鉱脈があるらしく、いい「気」が出ているそうです。

本殿 室町時代の三間社流造の建物で国の重要文化財に指定されています。境内にはいくつもの摂社があり、多くの神々が祀られています。神秘的な池からの眺めが素敵。

高天彦（たかまひこ）**神社** 高鴨神社から車で7～8分の、高天原の伝承地とされる場所に建つ神社。金剛山の麓にあり、本殿はなくて山を御神体としています。このあたりは大和朝廷ができる前の古代国家である葛城王朝が栄えたとされる場所。御祭神は葛城氏の祖タカミムスビノカミです。

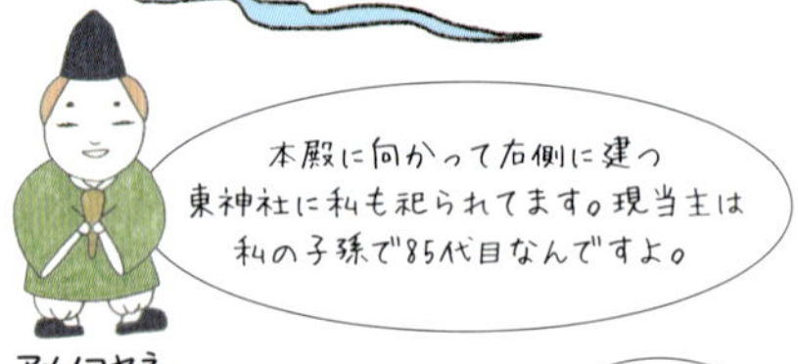
本殿に向かって右側に建つ
東神社に私も祀られてます。現当主は
私の子孫で85代目なんですよ。
アメノコヤネ

娘婿が
アマテラスの長男の
アメノオシホミミ
なんだよ。なので
ワシはニニギの
じいちゃんね。
タカミムスビ
実は私も
タカミムスビの
子なんだよ
オモイカネ

ハミダシたいちゃん 高天彦神社には神職さんは常駐されていないので、御朱印が欲しい人は高鴨神社の社務所で頼むといただけますよ。

四コマ古事記

高天彦神社編

タカミムスビ

→P20「最初の神様誕生！」エピソード1

❶

❷

❸

❹

❶ 宇宙のはじめに3柱の神様が生まれました。そのうちの1柱がタカミムスビです。これらの神様はみな一人神で、その後は身を隠したとあります。が、その後もちょいちょい出てきます。
❷ 登場その1　イザナギとイザナミに天沼矛を渡す。
❸ 登場その2　国譲りのための会議を開き、さらに天孫降臨の手はずを整える。
❹ 登場その3　タカクラジに神剣フツノミタマを渡し神武天皇を助ける。別名タカギノカミで、知恵者のオモイカネや、アメノオシホミミの妻ヨロヅハタトヨアキツシヒメのお父さんです。

天岩戸と伝わる戸隠山

戸隠神社

とがくしじんじゃ

長野県長野市 長野市戸隠3506

心願
成就

アメノタヂカラオ

御 祭 神 天手力雄命《あめのたぢからおのみこと》／奥社

奥社・中社・宝光社・九頭龍社・火之御子社の五社からなる神社です。アメノタヂカラオノミコトが投げ飛ばした天の岩戸がここまで飛んできて現在の姿になったといわれる戸隠山を中心に発達し、御祭神は天岩戸開きの神事に功績のあった神々をお祀りしています。

随神門 珍しい茅葺の門で、天然記念物にも指定されている樹齢約400年を超える杉並木が500メートルも続いています。

天岩戸のあった
高千穂からここまで、
よく飛んだね〜。
アメノタヂカラオ

奥社 アメノタヂカラオノミコトを祀っています。戸隠神社の本社として、開運、心願成就、五穀豊熟、スポーツ必勝などの御利益を求めて多くの方が参拝されます。近くには九頭龍社があり、アメノタヂカラオノミコトをここにお迎えした地主の神・九頭龍大神が祀られています。

火之御子社 アメノウズメノミコトを祀っています。舞楽芸能、縁結び、火防に御神徳があります。

オモイカネ

祀ってもらってます。
学業成就・商売繁盛・開運・
厄除・家内安全などの祈願にどうぞ！
宝光社のアメノウワハルはワシの子。
女性や子供の守り神で、
開拓・学問技芸・裁縫・安産
などに御利益あり。

中社 オモイカネノカミを祀っています。境内には樹齢700年を超える御神木、樹齢800年を超える三本杉があります。

ハミダシたいちゃん 参拝の際には日本三大そばのひとつ「戸隠そば」をぜひ。周辺には名店がたくさんありますよ。ちなみに三大そばのあとふたつは「出雲そば」と「わんこそば」。

岩戸開き

→P23「天岩戸」エピソード3

四コマ古事記

戸隠神社編

❶ アマテラスに岩戸から出てもらうために会議をする神々。
❷ 岩戸のかげにこっそり身を隠すアメノタヂカラオ。
❸ アマノコヤネとフトダマが鏡を差し出し、それをアマテラスが見ようとして乗り出したその時にアマテラスの手を引き出すアメノタヂカラオ。
❹ そして岩戸を放り投げる。この時投げ飛ばした岩戸が戸隠神社のある戸隠山になりました。

出雲から逃れてこの地に鎮座

諏訪大社

すわたいしゃ

スポーツ上達
タケミナカタ

長野県諏訪市中洲宮山1／上社本宮

御祭神 建御名方神《たけみなかたのかみ》、八坂刀売神《やさかとめのかみ》

国譲りを迫るタケミカヅチノカミとの戦いに負けて出雲から逃れてきたタケミナカタノカミをお祀りしています。上社本宮、上社前宮、下社春宮、下社秋宮の4社からなり、社殿の四隅には御柱（おんばしら）と呼ばれる4本の巨木がそびえています。信濃国一宮で全国の諏訪神社の総本社です。勇壮な御柱祭で有名ですね。

上社本宮（かみしゃほんみや） 本殿はなく守屋山が御神体です。徳川家康が寄進したとわれる四脚門（よつあしもん）など見どころが豊富。「明神湯」と呼ばれる温泉を使った手水があります。

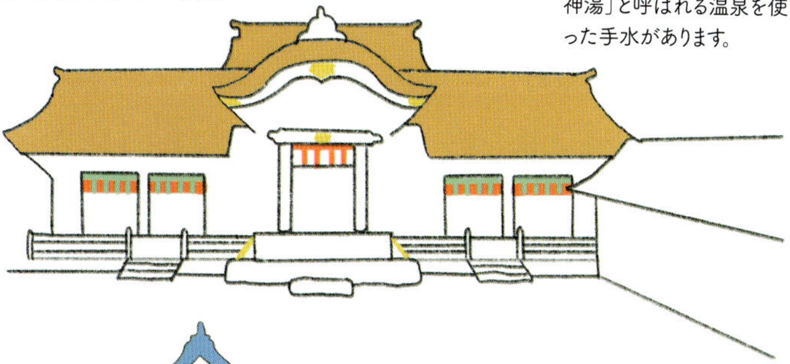

上社前宮（かみしゃまえみや） タケミナカタノカミが最初に現れたといわれる神聖な場所にあります。4社の中で唯一持っている本殿は伊勢神宮の古材で建てられています。三之御柱と四之御柱を間近で見ることができるのはここだけです。

オレが来る前からここでは
ミシャグチという縄文時代から
続く神を祀ってたみたい。
謎の多い神だよ。
タケミナカタ

下社秋宮（しもしゃあきみや） 神楽殿には出雲大社を思わせる立派な注連縄がかかっています。御祭神のタケミナカタノカミがオオクニヌシノカミの子供だからでしょうか。拝殿は春宮と同じ図面で造られています。御神体はイチイの木です。

下馬橋（げばばし） 春宮の参道の中央にあり、神様が春宮と秋宮の間を行き来する遷座祭の際に神様が通る橋です。室町時代に造られました。春宮の御神体はスギの木です。

御神渡り 冬の諏訪湖に見られる氷の亀裂現象で、上社にいるタケミナカタノカミが下社にいる妻に会いに行った跡とされています。また、亀裂の方向で吉凶を占っています。

ハミダシたいちゃん 春宮の近くには御柱祭に関する資料館「おんばしら館よいさ」があります。木落し体験装置もあります。

タケミナカタの力比べ

→P26「国譲り」エピソード5

1 コトシロヌシが国譲りを了承したことを受けオオクニヌシに詰め寄るタケミカヅチ。
2 ちょうどその時、タケミナカタが大きな岩を片手で軽々と持って登場。
3 国譲りに納得がいかないタケミナカタがタケミカヅチの手をつかむと、タケミカヅチの手は氷になり、その後に剣となって、とても触ることができず、タケミナカタは恐れて身を引きました。タケミカヅチはタケミナカタの腕をつかんで投げ飛ばしました。
4 逃げ出すタケミナカタ。追うタケミカヅチ。諏訪湖まで追い詰めた時、許しを請いました。タケミカヅチはこのことを出雲に戻ってオオクニヌシに告げ、国譲りを迫りました。

国譲りの立役者タケミカヅチノカミを祀る

鹿島神宮

かしまじんぐう

茨城県鹿嶋市宮中 2306-1

必勝
祈願

タケミカヅチ

御祭神 武甕槌大神《たけみかづちのおおかみ》

国譲りで活躍したタケミカヅチノカミを祀る神社です。創建は神武天皇即位の年といわれ2600年以上の歴史があります。東京ドーム15個分という広大な敷地に広がる森には杉やシイ・タブ・モミの巨樹が生い茂り、その種類は600種以上にも及びます。武の神様として信仰されています。

奥宮 タケミカヅチノカミの荒魂を祀っています。社殿は徳川家康が関ヶ原の戦いの戦勝のお礼として奉納したもの。かつては現在の本殿の位置に本宮として置かれていました。パワースポットとして人気です。

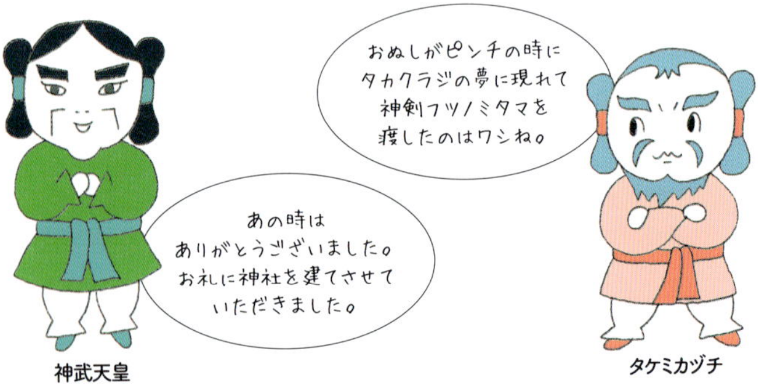
おぬしがピンチの時に
タカクラジの夢に現れて
神剣フツノミタマを
渡したのはワシね。
あの時は
ありがとうございました。
お礼に神社を建てさせて
いただきました。
神武天皇
タケミカヅチ

一之鳥居 鹿島神宮の西側にある北浦に建つ鳥居は水上鳥居としては日本最大です。かつてここは水運による経済や文化の要衝であると同時に鹿島神宮参拝の玄関口でした。

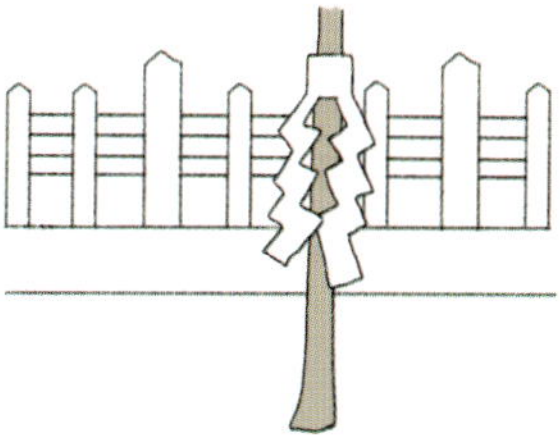

鹿園 境内では鹿が飼育されています。奈良の春日大社創建の際、鹿島神宮の御祭神をここから鹿の背に乗せて運びました。この時の鹿が現在の奈良の鹿のルーツです。

要石 地震をおこすナマズの頭を押さえていると伝わる石です。徳川光圀（水戸黄門）がどこまで埋まっているか確かめるために7日7晩にわたって掘らせたものの、結局掘りおこせなかったそうです。

御手洗池（みたらしいけ） 1日に40万リットル以上の湧水があり、水底まではっきり見渡せるほど透明度の高い池です。昔は参拝前にここで禊をしました。今でも年始には200人もの人々が大寒禊を行います。

ハミダシたいちゃん 御手洗池の近くにあるお休み処「一休」では池の湧水を使ったおそばやコーヒーをいただけます。

全国に約400社ある香取神社の総本社

香取神宮《かとりじんぐう》

必勝
祈願
フツヌシ

千葉県香取市香取1697-1

御祭神 経津主大神《ふつぬしのおおかみ》

『日本書紀』においてタケミカヅチノカミと共に出雲に赴き、国譲りを成功させたフツヌシノカミを祀る神社です。鹿島神宮、息栖（いきす）神社と共に東国三社の一社であり、明治以前に「神宮」号を名乗っていたのは伊勢と鹿島と香取だけ。天皇が1月1日に行う四方拝で拝される神社のひとつでもあります。

鳥居河岸（とりいがし） 香取神宮の一の鳥居で利根川を向いています。鹿島神宮と同じようにかつては水運が盛んだったのでこちらが参拝口でした。

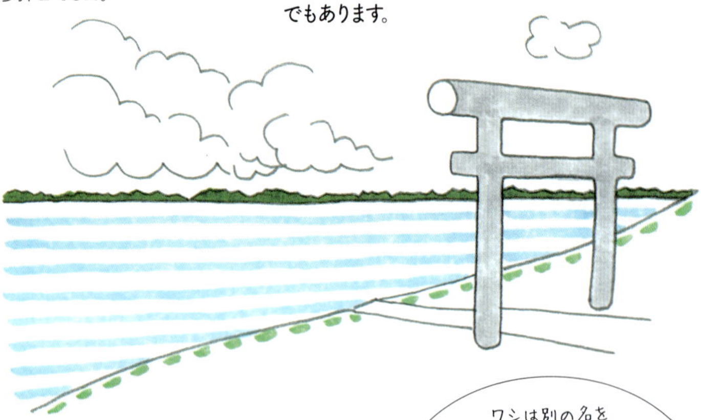

ワシは別の名を
イワイヌシといって、祭祀を司る
神としての一面もあるんだよ。
武神としても崇められていて、
道場の掛け軸なんかにある
「香取大明神」って
ワシのことね。
フツヌシ

オモイカネの解説！

記紀では記述内容に違いがいくつもあるんだが「国譲り」もそのひとつ。『古事記』にはフツヌシは登場しないのだが、『日本書紀』では使者として最初に選ばれたのはフツヌシで、それを聞いたタケミカヅチが立候補したので付け加えられたことになっているんだ。『日本書紀』ではこの二人で協力して出雲以外の場所でも活躍してるんだぞ。

楼門 本殿と同じく元禄13年（1700）に徳川幕府の手により造営されました。楼上の額は東郷平八郎の筆によるものです。

参道 参道には表参道と旧参道とふたつ。表参道は大きな石灯篭が立ち並ぶ厳かな雰囲気の道が続きます。春は桜、秋はモミジと季節の変化を楽しめます。玉砂利を歩くことから清めが始まります。

要石 鹿島神宮と同じように、地震を起こすナマズをおさえる石がこちらにもあります。石の表面は香取では凸形、鹿島では凹形となっています。

ハミダシたいちゃん 鳥居の前の参道商店街にはお土産屋さんや団子屋さんが並んでいます。参拝帰りの休憩にどうぞ。

イザナギ・イザナミ両神を仲裁した和合の神様を祀る

白山比咩神社

しらやまひめじんじゃ

石川県白山市三宮町ニ105-1

ククリヒメ

御祭神 菊理媛尊《くくりひめのみこと》、伊弉諾尊《いざなぎのみこと》、伊弉冉尊《いざなみのみこと》

全国に約3000社ある白山神社の総本宮です。御祭神は『日本書紀』に登場する神様で黄泉国の境で言い争うイザナギノミコトとイザナミノミコトの仲裁をしたククリヒメノカミ。「くくり」は「括る」にもつながり「和合の神」「縁結びの神」として崇敬されています。御神体は白山です。

奥宮遥拝所 大汝峰（おおなんじみね）、御前峰（ごぜんがみね）、別山（べつざん）の「白山三山」の形をした大岩が祀られています。こちらで白山山頂にある奥宮を遥拝します。

外拝殿（げはいでん） 神門をくぐると、切妻造り、銅板葺き、檜造りの優美な姿が現れます。この後ろに直会殿（なおらいでん）、拝殿、幣殿（へいでん）、本殿までが一直線に並びます。

オモイカネの解説！

白山を開山し山頂に奥宮を建てたのは泰澄（たいちょう）というお坊さん。仏が神の姿になって現れるという「本地垂迹（ほんちすいじゃく）」の考えで、神も仏も一緒、つまり神仏習合で白山信仰は広がっていったんだ。明治時代になって神仏分離となり、一緒に祀られることはなくなった。それまでは神社にはお寺もあったんだよ。

ハミダシたいちゃん 白山比咩神社の近くにある金剱宮（きんけんぐう）は金運アップのパワースポットとして有名で多くの経営者が参拝されているそうです。

ククリヒメ
山小屋のある室堂から
奥宮までは約40分ほど。
早朝の山頂から見る雲海や
日の出は感動ものですよ。

奥宮 白山の御前峰山頂付近にあり養老2年(718)の創建。標高は2702メートル。ここからは絶景が楽しめます。高山植物も豊富で7～8月は山肌を埋め尽くし、楽園のようです。

イザナミノミコトが降臨した白山信仰発祥の地

平泉寺白山神社

へいせんじはくさんじんじゃ

子宝
安産
イザナミ

福井県勝山市平泉寺町平泉寺56-63

御祭神 伊奘冊尊《いざなみのみこと》

白山を開山した泰澄がイザナミノミコトのお告げを受けたとされる場所に建つ神社です。泰澄によって養老元年(717)に開かれたと伝わっています。仏教寺院として隆盛し、最盛期には僧兵8000人を抱える宗教都市として栄えました。明治時代の神仏分離令によって神社となりました。

この神社の境内にある
御手洗池(みたらしいけ)で
泰澄に白山に
登るように言ったの。
イザナミ

苔庭 境内の苔庭が見事で苔寺ともいわれています。梅雨の季節が見ごろです。ほかにも参道の杉並木やイザナミノミコトが降臨した池など見どころが満載。

ハミダシたいちゃん 平泉寺白山神社のある勝山市には恐竜博物館があります。44体もの恐竜全身骨格や大型復元ジオラマなど大迫力。ここは大人でも楽しめますよ。

ころころ古事記神社MAP

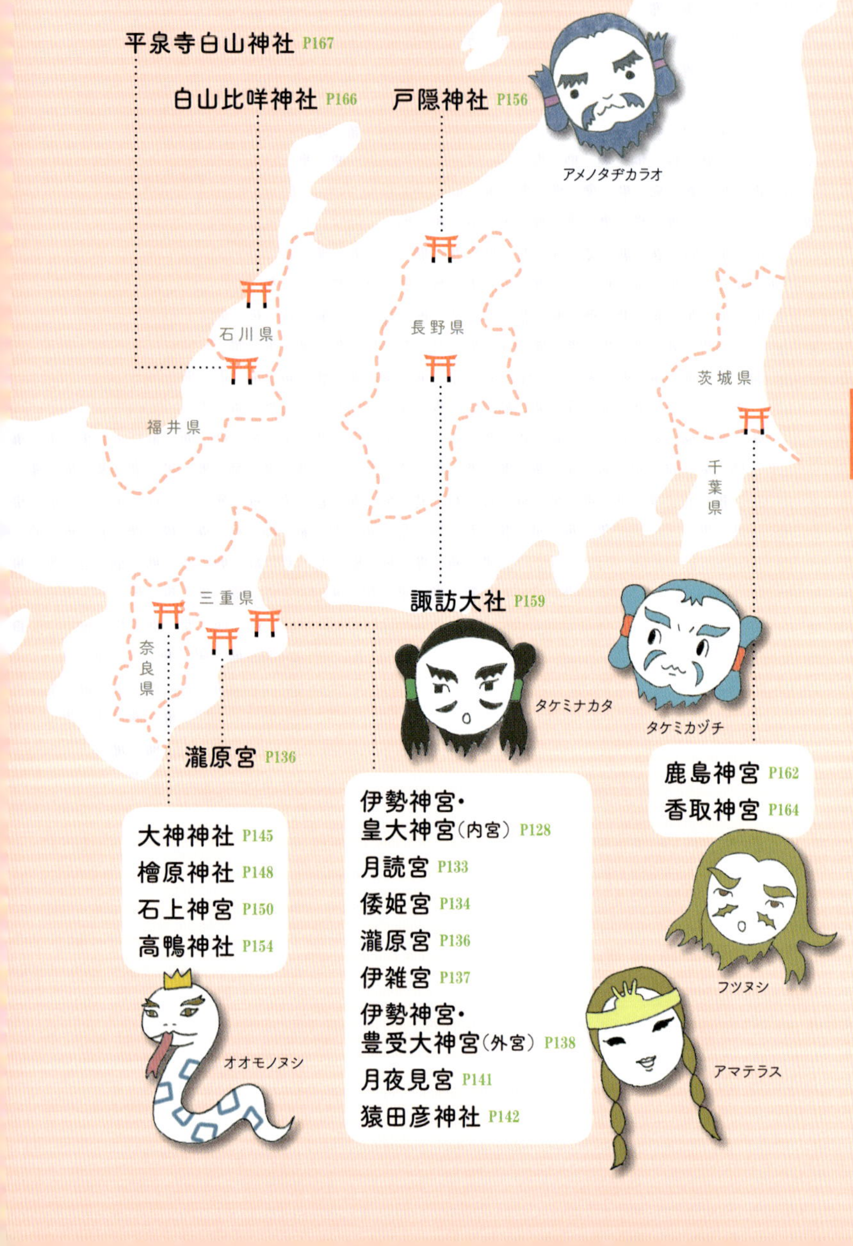
平泉寺白山神社 P167
白山比咩神社 P166
戸隠神社 P156
アメノタヂカラオ
石川県
長野県
福井県
茨城県
千葉県
三重県
奈良県
諏訪大社 P159
タケミナカタ
タケミカヅチ
瀧原宮 P136
鹿島神宮 P162
香取神宮 P164
大神神社 P145
檜原神社 P148
石上神宮 P150
高鴨神社 P154
伊勢神宮・
皇大神宮（内宮） P128
月読宮 P133
倭姫宮 P134
瀧原宮 P136
伊雑宮 P137
伊勢神宮・
豊受大神宮（外宮） P138
月夜見宮 P141
猿田彦神社 P142
フツヌシ
アマテラス
オオモノヌシ

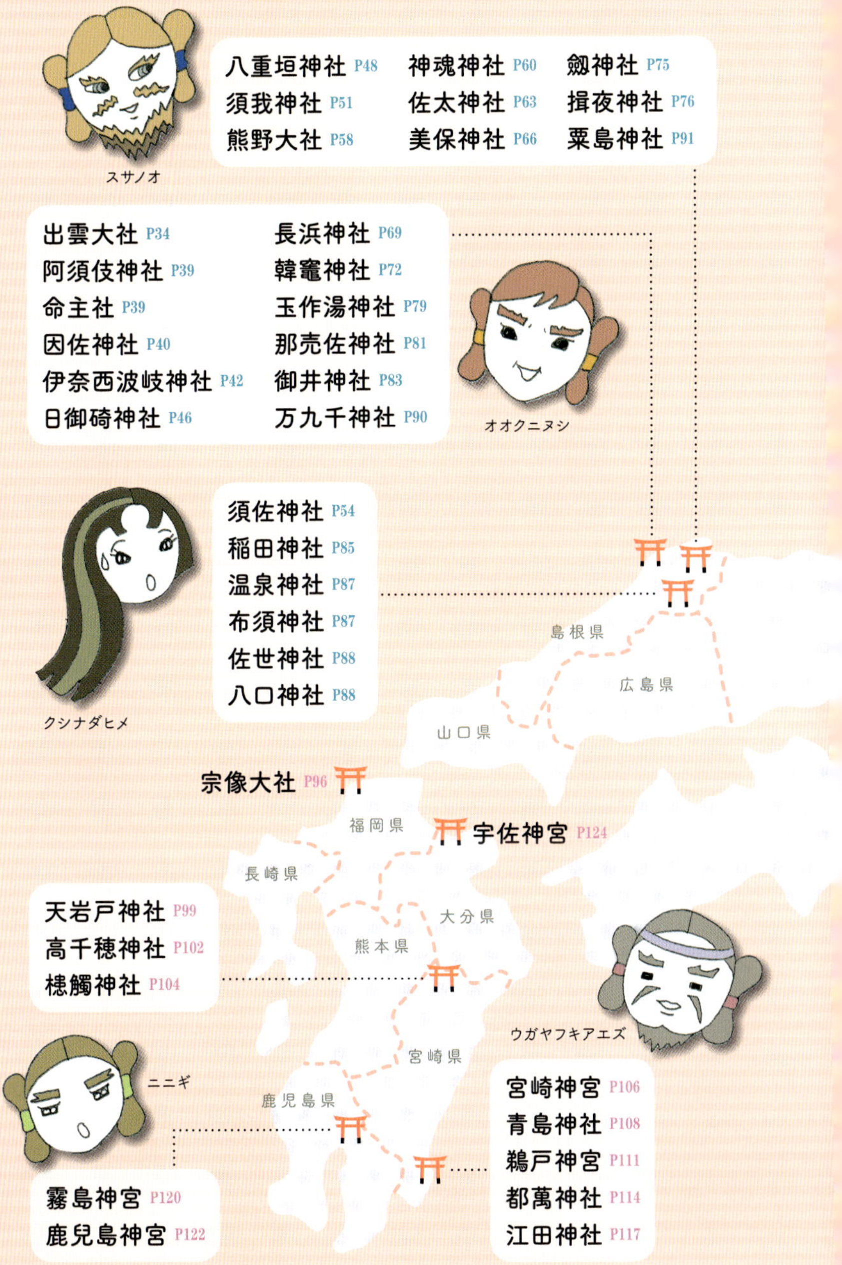

八重垣神社 P48
須我神社 P51
熊野大社 P58
神魂神社 P60
佐太神社 P63
美保神社 P66
剱神社 P75
揖夜神社 P76
粟島神社 P91
スサノオ
出雲大社 P34
阿須伎神社 P39
命主社 P39
因佐神社 P40
伊奈西波岐神社 P42
日御碕神社 P46
長浜神社 P69
韓竈神社 P72
玉作湯神社 P79
那売佐神社 P81
御井神社 P83
万九千神社 P90
オオクニヌシ
須佐神社 P54
稲田神社 P85
温泉神社 P87
布須神社 P87
佐世神社 P88
八口神社 P88
クシナダヒメ
島根県
広島県
山口県
宗像大社 P96
福岡県
宇佐神宮 P124
長崎県
大分県
熊本県
天岩戸神社 P99
高千穂神社 P102
槵觸神社 P104
ウガヤフキアエズ
宮崎県
ニニギ
鹿児島県
霧島神宮 P120
鹿児島神宮 P122
宮崎神宮 P106
青島神社 P108
鵜戸神宮 P111
都萬神社 P114
江田神社 P117

おわりに

いかがでしたか？

ゆる神様との神社旅、楽しんでいただけたでしょうか。

この本を作るまでに、私とかざひの文庫の磐崎さんはたくさんの神社を回りました。伊勢・出雲・九州……たぶん150社以上になると思います。

「松尾さんの描く神社の絵が見たい」そんな磐崎さんの一言に「おもしろそう！」と気軽に答えたことで、いきなり伊勢神宮125社を回り、それを絵と文章で紹介する本を作ることになったのが、全てのはじまり。

いざ行ってみると、どこも似たような作りで鳥居とシンプルな社殿があるだけ。石だけを祀っている場所もありま

す。これをどう絵にして描きわけていけばいいのか……。

だけど、いくつか回っていくうちに、神社ごとに「温かい雰囲気」や「清々しい空気感」や「守られているような気持ち」を感じるようになりました。

古事記を知ってからは、「八百万《やおよろず》の神」という古代日本の概念も私の心にすうっと入ってきました。

神様はいるのか、いないのか。

古事記はどこまで本当なのか、全部ファンタジーなのか。

答えはないけれど、「森羅万象に神が宿る」そう思えたほうが毎日は楽しくなるし、古事記の物語と神社と今の私たちがつながっていると感じられると、日本のこともももっと好きになり、知りたくなるのではないでしょうか。

いまこの本を読み終えた方が、そう思ってくださったならとても嬉しいです。

松尾たいこ

アーティスト／イラストレーター

広島県呉市生まれ。約10年の自動車メーカー勤務を経て32歳で上京。1998年よりイラストレーターに転身。大手企業の広告などにも多く作品を提供、手がけた本の表紙装画は300冊を超える。角田光代や江國香織との共著やエッセイも出版。イラストエッセイ『出雲IZUMOで幸せ結び』（小学館）、『古事記ゆる神様100図鑑』（講談社）を発表するなど、神社や古事記にまつわる仕事も多い。それらの経験を通じ、火・風・水・土など森羅万象に神が宿るという古代日本の概念に共感し作品での表現を追求中。現在、東京・軽井沢・福井の三ヶ所を拠点に活動している。

オフィシャルサイト●taikomatsuo.com

インスタグラム●taikomatsuo

ころころ古事記

ゆる神様の神社ナビ

2019年12月23日　初版発行

著者　松《まつ》尾《お》たいこ

発行者　磐﨑文彰

発行所　株式会社かざひの文庫
〒110-0002　東京都台東区上野桜木2-16-21
電話／FAX 03（6322）3231
e-mail：company@kazahinobunko.com
http://www.kazahinobunko.com

発売元　太陽出版
〒113-0033　東京都文京区本郷4-1-14
電話 03（3814）0471　FAX 03（3814）2366
e-mail：info@taiyoshuppan.net
http://www.taiyoshuppan.net

印刷・製本　シナノパブリッシングプレス
デザイン　Better Days
特別感謝　戸矢 学

ISBN978-4-88469-982-6